HAN D'ISLANDE

I

TYPOGRAPHIE DE CH. LAHURE
Imprimeur du Sénat et de la Cour de Cassation
rue de Vaugirard, 9

VICTOR HUGO

HAN D'ISLANDE

I

COLLECTION HETZEL

PARIS

LIBRAIRIE DE L. HACHETTE ET Cie

RUE PIERRE-SARRAZIN, N° 14

1858

Le concierge, tremblant et à demi mort, s'assit sur la pierre noire...

Han d'Islande est un livre de jeune homme, et de très-jeune homme.

On sent en le lisant que l'enfant de dix-huit ans qui écrivait *Han d'Islande* dans un accès de fièvre en 1821 n'avait encore aucune expérience des choses, aucune expérience des hommes, aucune expérience des idées, et qu'il cherchait à deviner tout cela.

Dans toute œuvre de la pensée, drame, poëme ou roman, il entre trois ingrédients : ce que l'auteur a senti, ce que l'auteur a observé, ce que l'auteur a deviné.

Dans le roman en particulier, pour qu'il soit bon, il faut qu'il y ait beaucoup de choses senties, beaucoup de choses observées, et que les choses devinées dérivent logiquement et simplement et sans solution de continuité des choses observées et des choses senties.

En appliquant cette loi à *Han d'Islande*, on fera saillir aisément ce qui constitue avant tout le défaut de ce livre.

Il n'y a dans *Han d'Islande* qu'une chose sentie, l'amour du jeune homme; qu'une chose observée, l'amour de la jeune fille. Tout le reste est deviné, c'est-à-dire inventé. Car l'adolescence, qui n'a ni faits, ni expérience, ni échantillons derrière elle, ne devine qu'avec l'imagination. Aussi *Han d'Islande*, en admettant qu'il vaille la peine d'être classé, n'est-il guère autre chose qu'un roman fantastique.

Quand la première saison est passée, quand le front se penche, quand on sent le besoin de faire autre chose que des histoires curieuses pour effrayer les vieilles femmes et les petits enfants, quand on a usé au frottement de la vie les aspérités de sa jeunesse, on reconnaît que toute invention, toute création, toute divination de l'art, doit avoir pour base l'étude, l'observation, le recueillement, la science, la mesure, la comparaison, la méditation sérieuse, le dessin attentif et continuel de chaque chose d'après nature, la critique consciencieuse de soi-même; et l'inspiration qui se dégage selon ces nouvelles conditions, loin d'y rien perdre, y gagne un plus large souffle et de plus fortes ailes. Le poëte alors sait complétement où il va. Toute la rêverie flottante de ses premières années se cristallise en quelque sorte et se fait pensée. Cette seconde époque de la vie est ordinairement pour l'artiste celle des grandes œuvres. Encore jeune et déjà mûr. C'est la phase précieuse, le point intermédiaire et culminant, l'heure chaude et rayonnante de midi, le moment où il y a le moins d'ombre et le plus de lumière possible.

Il y a des artistes souverains qui se maintiennent à ce sommet toute leur vie, malgré le déclin des années. Ce sont là les suprêmes génies. Shakspeare et Michel-Ange ont laissé sur quelques-uns de leurs ouvrages l'empreinte de leur jeunesse, la trace de leur vieillesse sur aucun.

Pour revenir au roman dont on publie ici une nouvelle édition, tel qu'il est, avec son action saccadée et haletante, avec ses personnages tout d'une pièce, avec ses gaucheries sauvages, avec son allure hautaine et maladroite, avec ses candides accès de rêverie, avec ses couleurs de toute sorte juxtaposées sans précautions pour l'œil, avec son style cru, choquant et âpre, sans nuances et sans habiletés, avec les mille excès de tout genre qu'il commet presque à son insu chemin faisant, ce livre représente assez bien l'époque de la vie à laquelle il a été écrit, et l'état particulier de l'âme, de l'imagination et du cœur dans l'adolescence, quand on est amoureux de son premier amour, quand on convertit en obstacles grandioses et poétiques les empêchements bourgeois de la vie, quand on a la tête pleine de fantaisies héroïques qui vous grandissent à vos propres yeux, quand on est déjà un homme par deux ou trois côtés et encore un enfant par vingt autres, quand on a lu Ducray-Duminil à onze ans, Auguste la Fontaine à treize, Shakspeare à seize, échelle étrange et rapide qui vous fait passer brusquement, dans vos affections littéraires, du niais au sentimental, et du sentimental au sublime.

C'est parce que, selon nous, ce livre, œuvre naïve avant tout, représente avec quelque fidélité l'âge qui l'a produit, que nous le redonnons au public en 1833 tel qu'il a été fait en 1821.

D'ailleurs, puisque l'auteur, si peu de place qu'il tienne en littérature, a subi la loi commune à tout écrivain grand ou petit, de voir rehausser ses premiers ouvrages aux dépens des derniers, et d'entendre déclarer qu'il était fort loin d'avoir tenu le peu que ses commencements promettaient, sans opposer à une critique peut-être judicieuse et fondée des objections qui seraient suspectes dans sa bouche, il croit devoir réimprimer purement et simplement ses premiers ouvrages tels qu'il les a écrits, afin de mettre les lecteurs à même de décider, en ce qui le concerne, si ce sont des pas en avant ou des pas en arrière qui séparent *Han d'Islande* de *Notre-Dame de Paris.*

Paris, mai 1833.

— PREMIÈRE ÉDITION. —

L'auteur de cet ouvrage, depuis le jour où il en a écrit la première page, jusqu'au jour où il a pu tracer le bienheureux mot FIN au bas de la dernière, a été le jouet de la plus ridicule illusion. S'étant imaginé qu'une composition en quatre volumes valait la peine d'être méditée, il a perdu son temps à chercher une idée fondamentale, à la développer bien ou mal dans un plan bon ou mauvais, à disposer des scènes, à combiner des effets, à étudier des mœurs de son mieux; en un mot, il a pris son ouvrage au sérieux.

Ce n'est que tout à l'heure, au moment où, selon l'usage des auteurs de terminer par où le lecteur commence, il allait élaborer une longue préface, qui fût comme le bouclier de son œuvre, et contînt, avec l'exposé des principes moraux et littéraires sur lesquels repose la conception, un précis plus ou moins rapide des divers événements historiques qu'elle embrasse, et un tableau plus ou moins complet du pays qu'elle parcourt; ce n'est que tout à l'heure, disons-nous, qu'il s'est aperçu de sa méprise, qu'il a reconnu toute l'insignifiance et toute la frivolité du genre à propos duquel il avait si gravement noirci tant de papier, et qu'il a senti combien il s'était, pour ainsi dire, mystifié lui-même en se persuadant que ce roman pourrait bien, jusqu'à un certain point, être une production littéraire, et que ces quatre volumes formaient un livre.

Il se résout donc sagement, après avoir fait amende honorable, à ne rien dire dans cette espèce de préface, que monsieur l'éditeur aura soin en conséquence d'imprimer en gros caractères. Il n'informera pas même le lecteur de son nom ou de ses prénoms, ni s'il est jeune ou vieux, marié ou célibataire, ni s'il a fait des élégies ou des fables, des odes ou des satires, ni s'il veut faire des tragédies, des drames ou des comédies, ni s'il jouit du patriciat littéraire dans quelque académie, ni s'il a une tribune dans un jour nal quelconque : toutes choses, cependant, fort intéressantes à savoir. Il se bornera seulement à faire remarquer que la partie pittoresque de son roman a été l'objet d'un soin particulier; qu'on y rencontre fréquemment des K, des Y, des H et des W, quoiqu'il n'ait jamais employé ces caractères romantiques qu'avec une extrême sobriété, témoin le nom historique de *Guldenlew*, que plusieurs chroniqueurs écrivent *Guldenloëwe*, ce qu'il n'a pas osé se permettre; qu'on y trouve également de nombreuses diphthongues variées avec beaucoup de goût et d'élégance; et qu'enfin tous les chapitres sont précédés d'épigraphes étranges et mystérieuses qui ajoutent singulièrement à l'intérêt, et donnent plus de physionomie à chaque partie de la composition.

Janvier 1823.

— DEUXIÈME ÉDITION. —

On a affirmé à l'auteur de cet ouvrage qu'il était absolument nécessaire de consacrer spécialement quelques lignes d'avertissement, de préface ou d'introduction à cette seconde édition. Il a eu beau représenter que les quatre ou cinq malencontreuses pages vides qui escortaient la première édition, et dont le libraire s'est obstiné à déparer celle-ci, lui avaient déjà attiré les anathèmes de l'un de nos écrivains les plus honorables et les plus distingués (1), lequel l'avait accusé de prendre le *ton aigre-doux* de l'illustre Jecediah Cleishbotham, maître d'école et sacristain de la paroisse de Gandercleugh; il a eu beau alléguer que ce brillant et judicieux critique, de sévère pour la faute deviendrait sans doute impitoyable pour la récidive, et présenter, en un mot, une foule d'autres raisons non

(1) M. C. Nodier, *Quotidienne* du 12 mars.

moins bonnes pour se dispenser d'y tomber; il paraît qu'on lui en a opposé de meilleures, puisque le voici maintenant écrivant une seconde préface, après s'être tant repenti d'avoir écrit la première. Au moment d'exécuter cette détermination hardie, il conçut d'abord la pensée de placer en tête de cette seconde édition, ce dont il n'avait pas osé charger la première, savoir : *quelques vues générales et particulières sur le roman*. Méditant ce petit traité littéraire et didactique, il était encore dans cette mystérieuse ivresse de la composition, instant bien court, où l'auteur, croyant saisir une idéale perfection qu'il n'atteindra pas, est intimement ravi de son ouvrage à faire; il était, disons-nous, dans cette heure d'extase intérieure, où le travail est un délice, où la possession secrète de la muse semble bien plus douce que l'éclatante poursuite de la gloire; lorsqu'un de ses amis les plus sages est venu l'arracher brusquement à cette possession, à cette extase, à cette ivresse, en lui assurant que plusieurs hommes de lettres très-hauts, très-populaires et très-puissants, trouvaient la dissertation qu'il préparait tout à fait méchante, insipide et fastidieuse; que le douloureux apostolat de la critique dont ils se sont chargés dans diverses feuilles publiques leur imposant le devoir pénible de poursuivre impitoyablement le monstre du *romantisme* et du mauvais goût, ils s'occupaient, dans le même moment, de rédiger pour certains journaux impartiaux et éclairés une critique consciencieuse, raisonnée et surtout piquante de la susdite dissertation future. A ce terrible avis, le pauvre auteur

Obstupuit, steteruntque comæ, et vox faucibus hæsit;

c'est-à-dire qu'il n'a trouvé d'autre expédient que de laisser dans les limbes, d'où il se préparait à la tirer, cette dissertation, *vierge non encore née*, comme parle Jean-Baptiste Rousseau, sur laquelle grondait une si juste et si rude critique. Son ami lui conseilla de la remplacer tout simplement d'une manière d'*avant-propos des éditeurs*, dans lequel il pourrait se faire dire très-décemment, par ces messieurs, toutes les douceurs qui chatouillent si voluptueusement l'oreille d'un auteur; il lui en présenta même plusieurs modèles empruntés à quelques ouvrages très en faveur, les uns commençant par ces mots : *Le succès immense et populaire de cet ouvrage*, etc.; les autres par ceux-ci : *La célébrité européenne que vient d'acquérir ce roman*, etc.; ou : *Il est maintenant superflu de louer ce livre, puisque la voix universelle déclare toutes les louanges fort au-dessous de son mérite*, etc., etc. Quoique ces diverses formules, au dire du discret conseiller, ne fussent pas sans quelque vertu tentative, l'auteur de ce livre ne se sentit pas assez d'humilité et d'indifférence paternelle pour exposer son ouvrage au désenchantement et à l'exigence du lecteur qui aurait vu ces magnifiques apologies, ni assez d'effronterie pour imiter ces baladins des foires, qui montrent, comme appât à la curiosité du public, un crocodile peint sur une toile, derrière laquelle, après avoir payé, il ne trouve qu'un lézard. Il rejeta donc l'idée d'entonner ses propres louanges par la bouche complaisante de messieurs ses éditeurs. Son ami lui suggéra alors de donner pour passe-port à son vilain brigand islandais quelque chose qui pût le mettre à la mode et le faire sympathiser avec le siècle, soit plaisanteries fines contre les marquises, soit amers sarcasmes contre les prêtres, soit ingénieuses allusions contre les nonnes, les capucins, et autres monstres de l'ordre social. L'auteur n'eût pas mieux demandé; mais il ne lui semblait pas, à vrai dire, que les marquises et les capucins eussent un rapport très-direct avec l'ouvrage qu'il publie. Il eût pu, à la vérité, emprunter d'autres couleurs sur la même palette, et jeter ici quelques bonnes pages bien philanthropiques, dans lesquelles — en côtoyant toutefois avec prudence un banc dangereux, caché sous les mers de la philosophie, qu'on nomme le banc du *tribunal correctionnel* — il eût avancé quelques-unes de ces vérités découvertes par nos sages pour la gloire de l'homme et la consolation du mourant, savoir : que l'homme n'est qu'une brute, que l'âme n'est qu'un peu de gaz plus ou moins dense, et que Dieu n'est rien; mais il a pensé que ces vérités incontestables étaient déjà bien triviales et bien usées, et qu'il ajouterait à peine une goutte d'eau à ce déluge de morales raisonnables, de religions athées, de maximes, de doctrines, de principes qui nous inondent pour notre bonheur depuis trente ans, d'une si prodigieuse façon, qu'on pourrait — s'il n'y avait irrévérence — leur appliquer les vers de Régnier sur une averse :

Des nuages en eau tomboit un tel degoust,
Que les chiens altérés pouvoient boire debout.

Du reste, ces hautes matières ne se rattachaient pas encore très-visiblement au sujet de cet ouvrage, et il eût été fort embarrassé de trouver une liaison qui l'y conduisît, quoique l'art des transitions soit singulièrement simplifié depuis que tant de grands hommes ont trouvé le secret de passer sans secousse d'une échoppe dans un palais, et d'échanger sans disparate le bonnet de *police* contre la couronne civique.

Reconnaissant donc qu'il ne saurait trouver dans son talent ni dans sa science, *par ses ailes ou par son bec*, comme dit l'ingénieuse poésie des Arabes, une préface intéressante pour les lecteurs, l'auteur de ceci s'est déterminé à ne leur offrir qu'un récit grave et naïf des améliorations apportées à cette seconde édition.

Il les préviendra d'abord que ce mot, *seconde édition*, est ici assez impropre, et que le titre de *première édition* est réellement celui qui convient à cette réimpression, attendu que les quatre liasses inégales de papier grisâtre maculé de noir et de blanc, dans lesquelles le public indulgent a bien voulu voir jusqu'ici les quatre volumes de *Han d'Islande*, avaient été tellement déshonorées d'incongruités typographiques par un imprimeur barbare, que le déplorable auteur, en parcourant sa méconnaissable production, était incessamment livré au supplice d'un pére auquel on rendrait son enfant mutilé et tatoué par la main d'un Iroquois du lac Ontario.

Ici, *l'esclavage* du suicide en remplaçait *l'usage;* ailleurs, le manœuvre-typographe donnait à un *lien* une voix qui appartenait à un *lion;* plus loin, il ôtait à la montagne du Dofre-Field ses *pics*, pour lui attribuer des *pieds*, ou, lorsque les pêcheurs norwégiens s'attendaient à amarrer dans des *criques*, il poussait leur barque sur des *briques*. Pour ne pas fatiguer le lecteur, l'auteur passe sous silence tout ce que sa mémoire ulcérée lui rappelle d'outrages de ce genre :

Manet alto in pectore vulnus.

Il lui suffira de dire qu'il n'est pas d'image grotesque, de sens baroque, de pensée absurde, de figure incohérente, d'hiéroglyphe burlesque, que l'ignorance industrieusement stupide de ce prote logogriphique ne lui ait fait exprimer. Hélas ! quiconque a fait imprimer douze lignes dans sa vie, ne fût-ce qu'une lettre de mariage ou d'enterrement, sentira l'amertume profonde d'une pareille douleur !

C'est donc avec le soin le plus scrupuleux qu'ont été revues les épreuves de cette nouvelle publication, et maintenant l'auteur ose croire, ainsi qu'un ou deux amis intimes, que ce roman restauré est digne de figurer parmi ces splendides écrits en présence desquels *les onze étoiles se prosternent, comme devant la lune et le soleil* (1).

Si messieurs les journalistes l'accusent de n'avoir pas fait de corrections, il prendra la liberté de leur envoyer les épreuves, noircies par un minutieux labeur, de ce livre régénéré ; car on prétend qu'il y a parmi ces messieurs plus d'un Thomas l'incrédule.

Du reste, le lecteur bénévole pourra remarquer qu'on a rectifié plusieurs dates, ajouté quelques notes historiques, surtout enrichi un ou deux chapitres d'épigraphes nouvelles; en un mot, il trouvera à chaque page des changements dont l'importance extrême a été mesurée sur celle même de l'ouvrage.

Un impertinent conseiller désirait qu'il mît au bas des

(1) Alcoran.

feuillets la traduction de toutes les phrases latines que le docte Spiagudry sème dans cet ouvrage, pour l'intelligence — ajoutait ce quidam — de ceux de messieurs les maçons, chaudronniers ou perruquiers qui rédigent certains journaux où pourrait être jugé par hasard *Han d'Islande*. On pense avec quelle indignation l'auteur a reçu cet insidieux avis. Il a instamment prié le mauvais plaisant d'apprendre que tous les journalistes, indistinctement, sont des soleils d'urbanité, de savoir et de bonne foi, et de ne pas lui faire l'injure de croire qu'il fût du nombre de ces citoyens ingrats, toujours prêts à adresser aux dictateurs du goût et du génie ce méchant vers d'un vieux poëte :

Tenez-vous dans vos peaux, et ne jugez personne ;

que pour lui, enfin, il était loin de penser que la *peau du lion* ne fût pas la peau véritable de ces populaires seigneurs.

Quelqu'un l'exhortait encore — car il doit tout dire ingénument à ses lecteurs — à placer son nom sur le titre de ce roman, jusqu'ici enfant abandonné d'un père inconnu. Il faut avouer qu'outre l'agrément de voir les sept ou huit caractères romains qui forment ce qu'on appelle son nom ressortir en belles lettres noires sur de beau papier blanc, il y a bien un certain charme à le faire briller isolément sur le dos de la couverture imprimée, comme si l'ouvrage qu'il revêt, loin d'être le seul monument du génie de l'auteur, n'était que l'une des colonnes du temple imposant où doit s'élever un jour son immortalité, qu'un mince échantillon de son talent caché et de sa gloire inédite. Cela prouve qu'on a au moins l'intention d'être un jour un écrivain illustre et considérable. Il a fallu, pour triompher de cette tentation nouvelle, toute la crainte qu'a éprouvée l'auteur de ne pouvoir percer la foule de ces noircisseurs de papier, lesquels, même en rompant l'anonyme, gardent toujours l'*incognito*.

Quant à l'observation que plusieurs amateurs d'oreille

délicate lui ont soumise touchant la rudesse sauvage de ses noms norwégiens, il la trouve tout à fait fondée ; aussi se propose-t-il, dès qu'il sera nommé membre de la Société royale de Stockholm ou de l'Académie de Berghen, d'inviter messieurs les Norwégiens à changer de langue, attendu que le vilain jargon dont ils ont la bizarrerie de se servir blesse le tympan de nos Parisiennes, et que leurs noms biscornus, aussi raboteux que leurs rochers, produisent sur la langue sensible qui les prononce l'effet que ferait sans doute leur huile d'ours et leur pain d'écorce sur les houppes nerveuses et sensitives de notre palais.

Il lui reste à remercier les huit ou dix personnes qui ont eu la bonté de lire son ouvrage en entier, comme le constate le succès vraiment prodigieux qu'il a obtenu ; il témoigne également toute sa gratitude à celles de ses jolies lectrices qui, lui assure-t-on, ont bien voulu se faire d'après son livre un certain idéal de l'auteur de *Han d'Islande;* il est infiniment flatté qu'elles veuillent bien lui accorder des cheveux rouges, une barbe crépue et des yeux hagards; il est confus qu'elles daignent lui faire l'honneur de croire qu'il ne coupe jamais ses ongles ; mais il les supplie à genoux d'être bien convaincues qu'il ne pousse pas encore la férocité jusqu'à dévorer de petits enfants vivants; du reste, tous ces faits seront fixés lorsque sa renommée sera montée jusqu'au niveau de celle des auteurs de *Lolotte et Fanfan*, ou de *Monsieur Botte*, hommes transcendants, jumeaux de génie et de goût, *Arcades ambo ;* et qu'on placera en tête de ses œuvres son portrait, *terribiles visu formæ*, et sa biographie, *domestica facta*.

Il allait clore cette trop longue note, lorsque son libraire, au moment d'envoyer l'ouvrage aux journaux, est venu lui demander pour eux quelques petits articles de complaisance sur son propre ouvrage, ajoutant, pour dissiper tous les scrupules de l'auteur, *que son écriture ne serait pas compromise, et qu'il les recopierait lui-même*. Ce dernier trait lui a semblé touchant. Comme il parait qu'en ce siècle tout lumineux chacun se fait un devoir d'éclairer son prochain sur ses qualités et perfections personnelles, chose dont nul n'est mieux instruit que leur propriétaire ; comme, d'ailleurs, cette dernière tentation est assez forte ; l'auteur croit, dans le cas où il y succomberait, devoir prévenir le public de ne jamais croire qu'à demi tout ce que les journaux lui diront de son ouvrage.

Avril 1823.

HAN D'ISLANDE

I

L'avez-vous vu? qui est-ce qui l'a vu? Ce n'est pas moi. Qui donc? Je n'en sais rien.

STERNE, *Tristram Shandy*.

— Voilà où conduit l'amour, voisin Niels; cette pauvre Guth Stersen ne serait point là étendue sur cette grande pierre noire, comme une étoile de mer oubliée par la marée, si elle n'avait jamais songé qu'à reclouer la barque ou à raccommoder les filets de son père, notre vieux camarade. Que saint Usulph le pêcheur le console dans son affliction!

— Et son fiancé, reprit une voix aiguë et tremblotante, Gill Stadt, ce beau jeune homme que vous voyez tout à côté d'elle, n'y serait point, si, au lieu de faire l'amour à Guth et de chercher fortune dans ces maudites mines de Rœraas, il avait passé sa jeunesse à balancer le berceau de son jeune frère aux poutres enfumées de sa chaumière.

Le voisin Niels, à qui s'adressait le premier interlocuteur, interrompit : — Votre mémoire vieillit avec vous, mère Olly; Gill n'a jamais eu de frère, et c'est en cela que la douleur de la pauvre veuve Stadt doit être plus amère, car sa cabane est maintenant tout à fait déserte; si elle vent regarder le ciel pour se consoler, elle trouvera entre ses yeux et le ciel son vieux toit, où pend encore le berceau vide de son enfant, devenu grand jeune homme, et mort.

— Pauvre mère! reprit la vieille Olly, car pour le jeune homme, c'est sa faute; pourquoi se faire mineur à Rœraas!

— Je crois en effet, dit Niels, que ces infernales mines nous prennent un homme par ascalin de cuivre qu'elles nous donnent. Qu'en pensez-vous, compère Braal?

— Les mineurs sont des fous, repartit le pêcheur. Pour vivre, le poisson ne doit pas sortir de l'eau, l'homme ne doit pas entrer en terre.

— Mais, demanda un jeune homme dans la foule, si le travail des mines était nécessaire à Gill Stadt pour obtenir sa fiancée?...

— Il ne faut jamais exposer sa vie, interrompit Olly, pour des affections qui sont loin de la valoir et de la remplir. Le beau lit de noces, en effet, que Gill a gagné pour sa Guth!

— Cette jeune femme, demanda un autre curieux, s'est donc noyée en désespoir de la mort de ce jeune homme?

— Qui dit cela? s'écria d'une voix forte un soldat qui venait de fendre la presse. Cette jeune fille, que je connais bien, était en effet fiancée à un jeune mineur écrasé dernièrement par un éclat de rocher dans les galeries souterraines de Storwaadsgrube, près Rœraas; mais elle était aussi la maîtresse d'un de mes camarades; et, comme avant-hier elle voulut s'introduire à Munckholm furtivement pour y célébrer avec son amant la mort de son fiancé, la barque qui la portait chavira sur un écueil, et elle s'est noyée.

Un bruit confus de voix s'éleva : — Impossible, seigneur soldat, criaient les vieilles femmes; les jeunes se taisaient, et le voisin Niels rappelait malignement au pêcheur Braal sa grave sentence : « Voilà où conduit l'amour ! »

Le militaire allait se fâcher sérieusement contre ses contradicteurs femelles ; il les avait déjà appelées *vieilles sorcières de la grotte de Quiragoth*, et elles n'étaient pas disposées à endurer patiemment une si grave insulte, quand une voix aigre et impérieuse, criant : *Paix, paix, radoteuses !* vint mettre fin au débat. Tout se tut, comme lorsque le cri subit d'un coq s'élève parmi le glapissement des poules.

Avant de raconter le reste de la scène, il n'est peut-être pas inutile de décrire le lieu où elle se passait ; c'était — le lecteur l'a sans doute déjà deviné — dans un de ces édifices lugubres que la pitié publique et la prévoyance sociale consacrent aux cadavres inconnus, dernier asile de morts qui la plupart ont vécu malheureux ; où se pressent le curieux indifférent, l'observateur morose ou bienveillant, et souvent des amis, des parents éplorés, à qui une longue et insupportable inquiétude n'a plus laissé qu'une lamentable espérance. A l'époque déjà loin de nous, et dans le pays peu civilisé où j'ai transporté mon lecteur, on n'avait point encore imaginé, comme dans nos villes de boue et d'or, de faire de ces lieux de dépôt des monuments ingénieusement sinistres et élégamment funèbres. Le jour n'y descendait pas, à travers une ouverture de forme tumulaire, le long d'une voûte artistement sculptée, sur des espèces de couches où l'on semble avoir voulu laisser aux morts quelques-unes des commodités de la vie, et où l'oreiller est marqué comme pour le sommeil. Si la porte du gardien s'entr'ouvrait, l'œil, fatigué par des cadavres nus et hideux, n'avait pas, comme aujourd'hui, le plaisir de se reposer sur des meubles élégants et des enfants joyeux. La mort était là dans toute sa laideur, dans toute son horreur, et l'on n'avait point encore essayé de parer son squelette décharné de pompons et de rubans.

La salle où se trouvaient nos interlocuteurs était spacieuse et obscure, ce qui la faisait paraître plus spacieuse encore; elle ne recevait de jour que par la porte carrée et basse qui s'ouvrait sur le port de Drontheim, et une ouverture grossièrement pratiquée dans le plafond, d'où une lumière blanche et terne tombait avec la pluie, la grêle ou la neige, selon le temps, sur les cadavres couchés directement au-dessous. Cette salle était divisée dans sa largeur par une balustrade de fer à hauteur d'appui. Le public pénétrait dans la première partie par la porte carrée; on voyait dans la seconde six longues dalles de granit noir, disposées de front et parallèlement. Une petite porte latérale servait, dans chaque section, d'entrée au gardien et à son aide, dont le logement remplissait les derrières de l'édifice, adossé à la mer. Le mineur et sa fiancée occupaient deux des lits de granit : la décomposition s'annonçait dans le corps de la jeune fille par de larges taches bleues et pourprées qui couraient le long de ses membres sur la place des vaisseaux sanguins. Les traits de Gill paraissaient durs et sombres; mais son cadavre était si horriblement mutilé, qu'il était impossible de juger si sa beauté était aussi réelle que le disait la vieille Olly.

C'est devant ces restes défigurés qu'avait commencé, au milieu de la foule muette, la conversation dont nous avons été le fidèle interprète.

Un grand homme, sec et vieux, assis les bras croisés et la tête penchée sur un débris d'escabelle dans le coin le plus noir de la salle, n'avait paru y prêter aucune attention jusqu'au moment où il se leva subitement en criant : Paix, paix, radoteuses! et vint saisir le bras du soldat.

Tout le monde se tut : le soldat se retourna et partit d'un brusque éclat de rire à la vue de son singulier interrupteur, dont le visage hâve, les cheveux rares et sales, les longs doigts et le complet accoutrement de cuir de renne, justifiaient amplement un accueil aussi gai. Cependant un murmure s'élevait dans la foule des femmes, un moment interdites : — C'est le gardien du *Spladgest* (1). — Cet infernal concierge des morts! — Ce diabolique Spiagudry! — Ce maudit sorcier!...

— Paix, radoteuses, paix! si c'est aujourd'hui jour de sabbat, hâtez-vous d'aller retrouver vos balais; autrement, ils s'envoleront tout seuls. Laissez en paix ce respectable descendant du dieu Thor.

Puis Spiagudry, s'efforçant de faire une grimace gracieuse, adressa la parole au soldat :

— Vous disiez, mon brave, que cette misérable femme...

— Le vieux drôle! murmura Olly; oui, nous sommes pour lui de *misérables femmes*, parce que nos corps, s'ils tombent en ses griffes, ne lui rapportent à la taxe que trente ascalins, tandis qu'il en reçoit quarante pour la méchante carcasse d'un homme.

— Silence, vieilles! répéta Spiagudry. En vérité, ces filles du diable sont comme leurs chaudières; lorsqu'elles s'échauffent, il faut qu'elles chantent; dites-moi, vous, mon vaillant roi de l'épée, votre camarade, dont cette Guth était la maîtresse, va sans doute se tuer du désespoir de l'avoir perdue?...

Ici éclata l'explosion longtemps comprimée. — Entendez-vous le mécréant, le vieux païen? crièrent vingt voix aigres et discordantes; il voudrait voir un vivant de moins, à cause des quarante ascalins que lui rapporte un mort.

— Et quand cela serait? reprit le concierge du Spladgest, notre gracieux roi et maître Christiern V, que saint Hospice bénisse, ne se déclare-t-il pas le protecteur né de

(1) Nom de la morgue de Drontheim.

tous les ouvriers des mines, afin, lorsqu'ils meurent, d'enrichir son trésor royal de leurs chétives dépouilles?

— C'est faire beaucoup d'honneur au roi, répliqua le pêcheur Braal, que de comparer le trésor royal au coffre-fort de votre charnier, et lui à vous, voisin Spiagudry.

— Voisin! dit le concierge, choqué de tant de familiarité; votre voisin! dites plutôt votre hôte, car il se pourrait bien faire que quelque jour, mon cher citoyen de la barque, je vous prêtasse pour une huitaine de jours un de mes six lits de pierre.

Au reste, ajouta-t-il en riant, si je parlais de la mort de ce soldat, c'était simplement pour voir se perpétuer l'usage du suicide dans les grandes et tragiques passions que ces dames ont coutume d'inspirer.

— Eh bien! grand cadavre gardien de cadavres, dit le militaire, où en veux-tu donc venir avec ta grimace aimable qui ressemble si bien au dernier éclat de rire d'un pendu?

— A merveille, mon vaillant! répondit Spiagudry, j'ai toujours pensé qu'il y avait plus de facultés spirituelles sous le casque du gendarme Thurn, qui vainquit le diable avec le sabre et la langue, que sous la mitre de l'évêque Isleif, qui a fait l'histoire d'Islande, ou sous le bonnet carré du professeur Schœnning, qui a décrit notre cathédrale.

— En ce cas, si tu m'en crois, mon vieux sac de cuir, tu laisseras là les revenus du charnier, et tu iras te vendre au cabinet de curiosités du vice-roi, à Berghen. Je te jure, par saint Belphégor, qu'on y paye au poids de l'or les animaux rares; mais dis, que veux-tu de moi?

— Quand les corps qu'on nous apporte ont été trouvés dans l'eau, nous sommes obligés de céder la moitié de la taxe aux pêcheurs. Je voulais donc vous prier, illustre héritier du gendarme Thurn, d'engager votre infortuné camarade à ne point se noyer, et à choisir quelque autre genre de mort; la chose doit lui être indifférente, et il ne voudrait pas faire tort en mourant au malheureux chrétien qui donnera l'hospitalité à son cadavre, si toutefois la perte de Guth le pousse à cet acte de désespoir.

— C'est ce qui vous trompe, mon charitable et hospitalier concierge, mon camarade n'aura point la satisfaction d'être reçu dans votre appétissante auberge à six lits. Croyez-vous qu'il ne soit pas déjà consolé avec une autre valkyrie de la mort de celle-là? Il y a, par ma barbe, bien longtemps qu'il était las de votre Guth.

A ces mots l'orage, que Spiagudry avait un moment détourné sur sa tête, revint fondre plus terrible que jamais sur le malencontreux soldat.

— Comment, misérable drôle! criaient les vieilles, c'est ainsi que vous nous oubliez! mais aimez donc maintenant ces vaurieus-là!

Les jeunes se taisaient encore; quelques-unes même trouvaient, bien malgré elles, que ce mauvais sujet avait assez bonne mine.....

— Oh! oh! dit le soldat, est-ce donc une répétition du sabbat? le supplice de Belzébuth est bien effroyable, s'il est condamné à entendre de pareils chœurs une fois par semaine!

On ne sait comment cette nouvelle bourrasque se serait passée, si en ce moment l'attention générale n'eût été entièrement absorbée par un bruit venu du dehors. La rumeur s'accrut progressivement, et bientôt un essaim de petits garçons demi-nus, criant et courant autour d'une civière voilée et portée par deux hommes, entra tumultueusement dans le Spladgest.

— D'où vient cela? demanda le concierge aux porteurs.

— Des grèves d'Urchtal.

— Oglypiglap! cria Spiagudry.

Une des portes latérales s'ouvrit, un petit homme de race lapone, vêtu de cuir, se présenta, fit signe aux porteurs de le suivre; Spiagudry les accompagna, et la porte se referma avant que la multitude curieuse eût eu le temps de deviner, à la longueur du corps posé sur la civière, si c'était un homme ou une femme.

Ce sujet occupait encore toutes les conjectures, quand Spiagudry et son aide reparurent dans la seconde salle, portant un cadavre d'homme, qu'ils déposèrent sur l'une des couches de granit.

— Il y a longtemps que je n'avais touché d'aussi beaux habits, dit Oglypiglap; puis, hochant la tête et se haussant sur la pointe des pieds, il accrocha au-dessus du mort un élégant uniforme de capitaine. La tête du cadavre était défigurée et les autres membres couverts de sang; le concierge l'arrosa plusieurs fois avec un vieux seau à demi brisé.

— Par saint Belzébuth! cria le soldat, c'est un officier de mon régiment; voyons : serait-ce le capitaine Bollar,... de douleur d'avoir perdu son oncle? Bah! il hérite. — Le baron Randmer? il a risqué hier sa terre au jeu, mais demain il la regagnera avec le château de son adversaire. — Serait-ce le capitaine Lory, dont le chien s'est noyé? ou le trésorier Stunk, dont la femme est infidèle? — Mais, vraiment, je ne vois point dans tout cela de motif pour se faire sauter la cervelle.

La foule croissait à chaque instant. En ce moment un jeune homme qui passait sur le port, voyant cette affluence de peuple, descendit de cheval, remit la bride aux mains du domestique qui le suivait, et entra dans le Spladgest. Il était vêtu d'un simple habit de voyage, armé d'un sabre et enveloppé d'un large manteau vert; une plume noire, attachée à son chapeau par une boucle de diamants, retombait sur sa noble figure et se balançait sur son front élevé, ombragé de longs cheveux châtains; ses bottines et ses éperons, souillés de boue, annonçaient qu'il venait de loin.

Lorsqu'il entra, un homme petit et trapu, enveloppé comme lui d'un manteau, et cachant ses mains sous des gants énormes, répondait au soldat :

— Et qui vous dit qu'il s'est tué? Cet homme ne s'est pas plus suicidé, j'en réponds, que le toit de votre cathédrale ne s'est incendié de lui-même.

Comme la besaiguë fait deux blessures, cette phrase fit naître deux réponses :

— Notre cathédrale! dit Niels, on la couvre maintenant en cuivre. C'est ce misérable Han qui, dit-on, y a mis le feu pour faire travailler les mineurs, parmi lesquels se trouvait son protégé Gill Stadt, que vous voyez ici.

— Comment, diable! s'écriait de son côté le soldat, m'oser soutenir, à moi, second arquebusier de la garnison de Munckholm, que cet homme-là ne s'est pas brûlé la cervelle!

— Cet homme est mort assassiné, reprit froidement le petit homme.

— Mais écoutez donc l'oracle! Va, tes petits yeux gris ne voient pas plus clair que tes mains sous les gros gants dont tu les couvres au milieu de l'été.

Un éclair brilla dans les yeux du petit homme : — Soldat! prie ton patron que ces mains-là ne laissent pas un jour leur empreinte sur ton visage.

— Oh! sortons! cria le soldat enflammé de colère. Puis, s'arrêtant tout à coup : — Non, dit-il, car il ne faut point parler de duel devant des morts.

Le petit homme grommela quelques mots dans une langue étrangère, et disparut.

Une voix s'éleva : — C'est aux grèves d'Urchtal qu'on l'a trouvé.

— Aux grèves d'Urchtal! dit le soldat; le capitaine

Dispolsen a dû y débarquer ce matin, venant de Copenhague.

— Le capitaine Dispolsen n'est point encore arrivé à Munckholm, dit une autre voix.

— On dit que Han d'Islande erre actuellement sur ces plages, reprit un quatrième.

— En ce cas, il est possible que cet homme soit le capitaine, dit le soldat, si Han est le meurtrier; car chacun sait que l'Islandais assassine d'une manière si diabolique, que ses victimes ont souvent l'apparence de suicidés.

— Quel homme est-ce donc que ce Han? demanda-t-on.

— C'est un géant, dit l'un.

— C'est un nain, dit l'autre.

— Personne ne l'a donc vu? reprit une voix.

— Ceux qui le voient pour la première fois le voient aussi pour la dernière.

— Chut! dit la vieille Olly; il n'y a, dit-on, que trois personnes qui aient jamais échangé des paroles humaines avec lui : ce réprouvé de Spiagudry, la veuve Stadt, et... — mais il a eu malheureuse vie et malheureuse mort — ce pauvre Gill, que vous voyez ici. Chut!

— Chut! répéta-t-on de toutes parts.

— Maintenant, s'écria tout à coup le soldat, je suis sûr que c'est en effet le capitaine Dispolsen; je reconnais la chaîne d'acier que notre prisonnier, le vieux Schumacker, lui donna en don à son départ.

Le jeune homme à la plume noire rompit vivement le silence : — Vous êtes sûr que c'est le capitaine Dispolsen?

— Sûr, par les mérites de saint Belzébuth! dit le soldat.

Le jeune homme sortit brusquement.

— Fais avancer une barque pour Munckholm, dit-il à son domestique.

— Mais, seigneur, et le général?...

— Tu lui mèneras les chevaux. J'irai demain; suis-je

mon maître ou non? Allons, le jour baisse et je suis pressé, une barque!

Le valet obéit et suivit quelque temps des yeux son jeune maître, qui s'éloignait du rivage.

II

Je m'assiérai près de vous, tandis que vous raconterez quelque histoire agréable pour tromper le temps.

MATHURIN, *Bertram.*

Le lecteur sait déjà que nous sommes à Drontheim, l'une des quatre principales villes de la Norwége, bien qu'elle ne fût pas la résidence du vice-roi. A l'époque où cette histoire se passe — en 1699 — le royaume de Norwége était encore uni au Danemarck et gouverné par des vice-rois, dont le séjour était Berghen, cité plus grande, plus méridionale et plus belle que Drontheim, en dépit du surnom de mauvais goût que lui donnait le célèbre amiral Tromp.

Drontheim offre un aspect agréable lorsqu'on y arrive par le golfe auquel cette ville donne son nom; le port, assez large, quoique les vaisseaux n'y entrent pas aisément en tout temps, ne présentait toutefois alors que l'apparence d'un long canal, bordé à droite de navires danois et norwégiens, à gauche de navires étrangers, division prescrite par les ordonnances. On voit dans le fond la ville assise sur une plaine bien cultivée, et surmontée par les hautes aiguilles de sa cathédrale. Cette église, un des plus beaux morceaux de l'architecture gothique, comme on peut en juger par le livre du professeur Schœnning — si savamment cité par Spiagudry — qui la décrivit avant que de fréquents incendies ne l'eussent ravagée, portait sur sa flèche principale la croix épiscopale, signe distinctif de la cathédrale de l'évêché luthérien de Drontheim. Au-dessus de la ville, on aperçoit dans un lointain bleuâtre les cimes blanches et grêles des monts de Kole, pareilles aux fleurons aigus d'une couronne antique.

Au milieu du port, à une portée de canon du rivage, s'élève, sur une masse de rochers battus des flots, la solitaire forteresse de Munckholm, sombre prison qui renfermait alors un captif célèbre par l'éclat de ses longues prospérités et de ses rapides disgrâces.

Schumacker, né dans un rang obscur, avait été comblé des faveurs de son maître, puis précipité du fauteuil de grand chancelier de Danemarck et de Norwége sur le banc des traîtres, puis traîné sur l'échafaud, et de là jeté par grâce dans un cachot isolé à l'extrémité des deux royaumes. Ses créatures l'avaient renversé, sans qu'il eût droit de crier à l'ingratitude. Pouvait-il se plaindre de voir se briser sous ses pieds des échelons qu'il n'avait placés si haut que pour s'élever lui-même?

Celui qui avait fondé la noblesse en Danemarck voyait, du fond de son exil, les grands qu'il avait faits se partager ses propres dignités. Le comte d'Ahlefeld, son mortel ennemi, était son successeur comme grand chancelier; le général Arensdorf disposait, comme grand maréchal, des grades militaires, et l'évêque Spollyson exerçait la charge d'inspecteur des universités. Le seul de ses ennemis qui ne lui dût pas son élévation était le comte Ulric-Frédéric Guldenlew, fils naturel du roi Frédéric III, vice-roi de Norwége; c'était le plus généreux de tous.

C'est vers le triste rocher de Munckholm que s'avançait

assez lentement la barque du jeune homme à la plume noire. Le soleil baissait rapidement derrière le château fort isolé, dont la masse interceptait ses rayons, déjà si horizontaux que le paysan des collines lointaines et orientales de Larsynn pouvait voir se promener près de lui, sur les bruyères, l'ombre vague de la sentinelle placée sur le donjon le plus élevé de Munckholm.

III

> Ah! mon cœur ne pouvait être plus sensiblement blessé!... Un jeune homme sans mœurs... Il a osé la regarder! ses regards souillaient sa pureté. Claudia! cette seule pensée me met hors de moi.
>
> LESSING.

— Andrew, allez dire que dans une demi-heure on sonne le couvre-feu. Sorsyll relèvera Duckness à la grande herse, et Maldivius montera sur la plate-forme de la grosse tour. Qu'on veille attentivement du côté du donjon du Lion de Slesvig. Ne pas oublier à sept heures de tirer le canon pour qu'on lève la chaîne du port; — mais non, on attend encore le capitaine Dispolsen; il faut au contraire allumer le fanal et voir si celui de Walderhog est allumé, comme l'ordre en a été donné aujourd'hui; surtout qu'on tienne des rafraichissements prêts pour le capitaine. — Et, j'oubliais, — qu'on marque pour deux jours de cachot Toric-Belfast, second arquebusier du régiment; il a été absent toute la journée.

Ainsi parlait le sergent d'armes sous la voûte noire et

enfumée du corps de garde de Munckholm, situé dans la tour basse qui domine la première porte du château.

Les soldats auxquels il s'adressait quittèrent le jeu ou le lit pour exécuter ses ordres ; puis le silence se rétablit.

En ce moment, le bruit alternatif et mesuré des rames se fit entendre au dehors. — Voilà sans doute enfin le capitaine Dispolsen ! dit le sergent en ouvrant la petite fenêtre grillée qui donne sur le golfe.

Une barque abordait en effet au bas de la porte de fer.

— Qui va là ? cria le sergent d'une voix rauque.

— Ouvrez ! répondit-on ; paix et sûreté.

— On n'entre pas : avez-vous droit de passe ?

— Oui.

— C'est ce que je vais vérifier ; si vous mentez, par les mérites du saint mon patron, je vous ferai goûter l'eau du golfe.

Puis, refermant le guichet et se retournant, il ajouta : — Ce n'est point encore le capitaine !

Une lumière brilla derrière la porte de fer ; les verrous rouillés crièrent ; les barres se levèrent, elle s'ouvrit, et le sergent examina un parchemin que lui présentait le nouveau venu.

— Passez, dit-il. Arrêtez cependant, reprit-il brusquement, laissez en dehors la boucle de votre chapeau. On n'entre pas dans les prisons d'Etat avec des bijoux. Le règlement porte que « le roi et les membres de la famille du « roi, le vice-roi et les membres de la famille du vice-roi, « l'évêque et les chefs de la garnison, sont seuls exceptés. » Vous n'avez, n'est-ce pas, aucune de ces qualités ?

Le jeune homme détacha, sans répondre, la boucle proscrite, et la jeta pour payement au pêcheur qui l'avait amené ; celui ci, craignant qu'il ne revînt sur sa générosité, se hâta de mettre un large espace de mer entre le bienfaiteur et le bienfait.

Tandis que le sergent, murmurant de l'imprudence de la chancellerie qui prodiguait ainsi les droits de passe, replaçait les lourds barreaux, et que le bruit lent de ses bottes fortes retentissait sur les degrés de l'escalier tournant du corps de garde, le jeune homme, après avoir rejeté son manteau sur son épaule, traversait rapidement la voûte noire de la tour basse, puis la longue place d'armes, puis le hangar de l'artillerie où gisaient quelques vieilles coulevrines démontées que l'on peut voir aujourd'hui dans le musée de Copenhague, et dont le cri impérieux d'une sentinelle l'avertit de s'éloigner. Il parvint à la grande herse, qui fut levée à l'inspection de son parchemin. Là, suivi d'un soldat, il franchit, suivant la diagonale, sans hésiter et comme un habitué de ces lieux, une de ces quatre cours carrées qui flanquent la grande cour circulaire, du milieu de laquelle sort le vaste rocher rond où s'élevait alors le donjon, dit *château du Lion de Slesvig*, à cause de la détention que Rolf le Nain y fit jadis subir à son frère Joatham le Lion, duc de Slesvig.

Notre intention n'est pas de donner ici une description du donjon du Munckholm, d'autant plus que le lecteur, enfermé dans une prison d'Etat, craindrait peut-être de ne pouvoir *se sauver au travers du jardin*. Ce serait à tort, car le château du Lion de Slesvig, destiné à des prisonniers de distinction, leur offrait, entre autres commodités, celle de se promener dans une espèce de jardin sauvage assez étendu, où des touffes de houx, quelques vieux ifs, quelques pins noirs, croissaient parmi les rochers autour de la haute prison, et dans un enclos de grands murs et d'énormes tours.

Arrivé au pied du rocher rond, le jeune homme gravit les degrés grossièrement taillés qui montent tortueusement jusqu'au pied de l'une des tours de l'enclos, laquelle, percée d'une poterne dans sa partie inférieure, servait d'entrée au donjon. Là, il sonna fortement d'un cor de cuivre que lui avait remis le gardien de la grande herse. — Ouvrez, ouvrez ! cria vivement une voix de l'intérieur, c'est sans doute ce maudit capitaine !...

La poterne qui s'ouvrit laissa voir au nouvel arrivant, dans l'intérieur d'une salle gothique faiblement éclairée, un jeune officier nonchalamment couché sur un amas de manteaux et de peaux de rennes, près d'une de ces lampes à trois becs que nos aïeux suspendaient aux rosaces de leurs plafonds, et qui, pour le moment, était posée à terre. La richesse élégante et même l'excessive recherche de ses vêtements contrastaient avec la nudité de la salle et la grossièreté des meubles ; il tenait un livre entre ses mains et se détourna à demi vers le nouveau venu.

— C'est le capitaine ! salut, capitaine ! Vous ne vous doutiez guère que vous faisiez attendre un homme qui n'a point la satisfaction de vous connaître ; mais notre connaissance sera bientôt faite, n'est-il pas vrai ? Commencez par recevoir tous mes compliments de condoléance sur votre retour dans ce vénérable château. Pour peu que j'y séjourne encore, je vais devenir gai comme la chouette qu'on cloue à la porte des donjons pour servir d'épouvantail ; et, quand je retournerai à Copenhague pour les fêtes du mariage de ma sœur, du diable si quatre dames sur cent me reconnaissent ! Dites-moi, les nœuds de ruban rose au bas du justaucorps sont-ils toujours de mode ? a-t-on traduit quelques nouveaux romans de cette Française, la demoiselle Scudéry ? je tiens précisément la *Clélie* ; je suppose qu'on la lit encore à Copenhague. C'est mon code de galanterie, maintenant que je soupire loin de tant de beaux yeux... — car, tout beaux qu'ils sont, les yeux de notre jeune prisonnière, vous savez de qui je veux parler, ne me disent jamais rien. Ah ! sans les ordres de mon père !... Il faut vous dire en confidence, capitaine, que mon père, n'en parlez pas — m'a chargé de... vous m'entendez, auprès de la fille de Schumacker ; mais je perds toutes mes peines : cette jolie statue n'est pas une femme ; elle pleure toujours et ne me regarde jamais.

Le jeune homme, qui n'avait pu encore interrompre l'extrême volubilité de l'officier, poussa un cri de surprise : — Comment! que dites-vous? chargé de séduire la fille de ce malheureux Schumacker!...

— Séduire, eh bien! soit! si c'est ainsi que cela s'appelle à présent à Copenhague; mais j'en défierais le diable. Avant-hier, étant de garde, je mis exprès pour elle une superbe fraise française qui m'était envoyée de Paris même. Croiriez-vous qu'elle n'a pas levé seulement les yeux sur moi, quoique j'aie traversé trois ou quatre fois son appartement en faisant sonner mes éperons neufs, dont la molette est plus large qu'un ducat de Lombardie? — C'est la forme la plus nouvelle, n'est-ce pas?

— Dieu, Dieu! dit le jeune homme en se frappant le front!... mais cela me confond.

— N'est-ce pas? reprit l'officier, se méprenant sur le sens de cette exclamation. Pas la moindre attention à moi! c'est incroyable, mais c'est pourtant vrai.

Le jeune homme se promenait, violemment agité, de long en large et à grands pas.

— Voulez-vous vous rafraîchir, capitaine Dispolsen? lui cria l'officier.

Le jeune homme se réveilla. — Je ne suis point le capitaine Dispolsen.

— Comment! dit l'officier d'un ton sévère et se levant sur son séant; et qui donc êtes-vous pour oser vous introduire ici, et à cette heure?

Le jeune homme déploya sa pancarte. — Je veux voir le comte de Griffenfeld... je veux dire votre prisonnier.

— Le comte! le comte! murmura l'officier d'un air mécontent. — Mais en vérité cette pièce est en régle; voilà bien la signature du vice-chancelier Grummond de Knud : « Le porteur pourra visiter, à toute heure et en tout temps, « toutes les prisons royales. » Grummond de Knud est frère du vieux général Levin de Knud, qui commande à Drontheim, et vous saurez que ce vieux général a élevé mon futur beau-frère...

— Merci de vos détails de famille, lieutenant. Ne pensez-vous pas que vous m'en avez déjà assez raconté?

— L'impertinent a raison, se dit le lieutenant en se mordant les lèvres.

— Holà ! huissier! huissier de la tour ! conduisez cet étranger à Schumacker, et ne grondez pas si j'ai décroché votre luminaire à trois becs et à une mèche. Je n'étais pas fâché d'examiner une pièce qui date sans doute de Sciold-le-Païen ou de Havar-le-Pourfendu ; et d'ailleurs on ne suspend plus aux plafonds que des lustres en cristal.

Il dit, et, pendant que le jeune homme et son conducteur traversaient le jardin désert du donjon, il reprit, martyr de la mode, le fil des aventures galantes de l'amazone Clélie et d'Horatius le Borgne.

IV

BENVOLIO.

Où diable ce Roméo peut-il être? il n'est pas rentré chez lui cette nuit.

MERCUTIO.

Il n'est pas rentré chez son père : j'ai parlé à son domestique.

SHAKSPEARE.

Cependant un homme et deux chevaux étaient entrés dans la cour du palais du gouverneur de Drontheim. Le cavalier avait quitté la selle en hochant la tête d'un air mécontent, il se préparait à conduire les deux montures à l'écurie, lorsqu'il se sentit saisir brusquement le bras, et une voix lui cria :

— Comment! vous voilà seul, Poël! et votre maître? où est votre maître?

C'était le vieux général Levin de Knud, qui, de sa fenêtre, ayant vu le domestique du jeune homme et la selle vide, était descendu précipitamment et fixait sur le valet un regard plus inquiet encore que sa question.

— Excellence, dit Poël en s'inclinant profondément, mon maître n'est plus à Drontheim.

— Quoi! il y était donc? il est reparti sans voir son général, sans embrasser son vieux ami! et depuis quand?

— Il est arrivé ce soir et reparti ce soir.

— Ce soir! ce soir! mais où donc s'est-il arrêté? où est-il allé?

— Il a descendu au Spladgest, et s'est embarqué pour Munckholm.

— Ah! je le croyais aux antipodes. Mais que va-t-il faire

à ce château? qu'allait-il faire au Spladgest? Voilà bien mon chevalier errant! C'est aussi un peu ma faute, pourquoi l'ai-je élevé ainsi? J'ai voulu qu'il fût libre en dépit de son rang...

— Aussi n'est-il point esclave des étiquettes, dit Poël.

— Non, mais il l'est de ses caprices. Allons, il va sans doute revenir. Songez à vous rafraîchir, Poël. — Dites-moi — et le visage du général prit une expression de sollicitude, — dites-moi, Poël, avez-vous beaucoup couru à droite et à gauche?

— Mon général, nous sommes venus en droite ligne de Berghen. Mon maître était triste.

— Triste! que s'est-il donc passé entre lui et son père? Ce mariage lui déplait-il?

— Je l'ignore. Mais on dit que Sa Sérénité l'exige.

— L'exige! vous dites, Poël, que le vice-roi l'exige! Mais, pour qu'il l'exige, il faut qu'Ordener s'y refuse.

— Je l'ignore, Excellence. Il parait triste.

— Triste! savez-vous comment son père l'a reçu?

— La première fois, c'était dans le camp, près Berghen. Sa Sérénité a dit: — Je ne vous vois pas souvent, mon fils. — Tant mieux pour moi, mon seigneur et père, a répondu mon maître, si vous vous en apercevez. Puis il a donné à Sa Sérénité des détails sur ses courses du Nord; et Sa Sérénité a dit: C'est bien! Le lendemain mon maître est revenu du palais, et a dit: On veut me marier; mais il faut que je voie mon second père, le général Levin. — J'ai sellé les chevaux, et nous voilà.

— Vrai, mon bon Poël! dit le général d'une voix altérée, il m'a appelé son second père!

— Oui, Votre Excellence.

— Malheur à moi si ce mariage le contrarie, car j'encourrai plutôt la disgrâce du roi que de m'y prêter. Mais cependant la fille du grand chancelier des deux royaumes!...

A propos, Poël, Ordener sait-il que sa future belle-mère, la comtesse d'Ahlefeld, est ici incognito depuis hier, et que le comte y est attendu ?

— Je l'ignore, mon général.

— Oh ! se dit le vieux gouverneur, oui, il le sait, car pourquoi aurait-il battu en retraite dès son arrivée?

Ici le général, après avoir fait un signe de bienveillance à Poël, et salué la sentinelle qui lui présentait les armes, rentra inquiet dans l'hôtel d'où il venait de sortir inquiet.

V

> On eût dit que toutes les passions avaient agité son cœur, et que toutes l'avaient abandonné; il ne lui restait rien que le coup d'œil triste et perçant d'un homme consommé dans la connaissance des hommes, et qui voyait d'un regard où tendait chaque chose.
>
> SCHILLER, *les Visions*.

Quand, après avoir fait parcourir à l'étranger les escaliers en spirale et les hautes salles du donjon du Lion de Slesvig, l'huissier lui ouvrit enfin la porte de l'appartement où se trouvait celui qu'il cherchait, la première parole qui frappa les oreilles du jeune homme fut encore celle-ci : — Est-ce enfin le capitaine Dispolsen ?

Celui qui faisait cette question était un vieillard assis le dos tourné à la porte, les coudes appuyés sur une table de travail et le front appuyé sur ses mains. Il était revêtu d'une simarre de laine noire, et l'on apercevait au-dessus d'un lit placé à une extrémité de la chambre un écusson brisé autour duquel étaient suspendus les colliers rompus des ordres de l'Eléphant et de Dannebrog; une couronne de comte renversée était fixée au-dessous de l'écusson, et les deux fragments d'une main de justice liés en croix complétaient l'ensemble de ces bizarres ornements. — Le vieillard était Schumacker.

— Non, seigneur, répondit l'huissier. Puis il dit à l'étranger : Voici le prisonnier; et, les laissant ensemble, il referma la porte, avant d'avoir pu entendre la voix aigre du vieillard, qui disait : Si ce n'est pas le capitaine, je ne veux voir personne.

L'étranger, à ces mots, resta debout près de la porte; et le prisonnier, se croyant seul, — car il ne s'était pas un moment détourné, — retomba dans sa silencieuse rêverie. Tout à coup il s'écria : — Le capitaine m'a certainement abandonné et trahi! Les hommes... les hommes sont comme ce glaçon qu'un Arabe prit pour un diamant; il le serra précieusement dans son havresac, et quand il le chercha, il ne trouva même plus un peu d'eau...

— Je ne suis pas de ces hommes, dit l'étranger.

Schumacker se leva brusquement. — Qui est ici? qui m'écoute? Est-ce quelque misérable suppôt de ce Guldenlew?...

— Ne parlez point mal du vice-roi, seigneur comte.

— Seigneur comte! est-ce pour me flatter que vous m'appelez ainsi? Vous perdez vos peines; je ne suis plus puissant.

— Celui qui vous parle ne vous a jamais connu puissant, et n'en est pas moins votre ami.

— C'est qu'il espère encore quelque chose de moi : les souvenirs que l'on conserve aux malheureux se mesurent toujours aux espérances qui en restent.

— C'est moi qui devrais me plaindre, noble comte; car je me suis souvenu de vous, et vous m'avez oublié. — Je suis Ordener.

Un éclair de joie passa dans les tristes yeux du vieillard, et un sourire qu'il ne put réprimer entr'ouvrit sa barbe blanche, comme le rayon qui perce un nuage.

— Ordener, soyez le bienvenu, voyageur Ordener. Mille vœux de bonheur au voyageur qui se souvient du prisonnier!

— Mais, demanda Ordener, vous m'aviez donc oublié?

— Je vous avais oublié, dit Schumacker, reprenant son air sombre, comme on oublie la brise qui nous rafraîchit et qui passe; heureux lorsqu'elle ne devient pas l'ouragan qui nous renverse.

— Comte de Griffenfeld, reprit le jeune homme, vous ne comptiez donc pas sur mon retour?

— Le vieux Schumacker n'y comptait pas; mais il y a ici une jeune fille qui me faisait remarquer aujourd'hui même qu'il y avait eu, le 8 mai dernier, un an que vous étiez absent.

Ordener tressaillit.

— Quoi, grand Dieu! serait-ce votre Ethel, noble comte?

— Et qui donc?

— Votre fille, seigneur, a daigné compter les mois depuis mon départ! Oh! combien j'ai passé de tristes journées! j'ai visité toute la Norwége, depuis Christiania jusqu'à Wardhus; mais c'est vers Drontheim que mes courses me ramenaient toujours.

— Usez de votre liberté, jeune homme, tant que vous en jouissez. — Mais dites-moi donc enfin qui vous êtes. Je voudrais, Ordener, vous connaître sous un autre nom. Le fils d'un de mes mortels ennemis s'appelle Ordener.

— Peut-être, seigneur comte, ce mortel ennemi a-t-il plus de bienveillance pour vous que vous n'en avez pour lui.

— Vous éludez ma question; mais gardez votre secret: j'apprendrais peut-être que le fruit qui désaltère est un poison qui me tuera.

— Comte! dit Ordener d'une voix irritée. Comte! reprit-il d'un ton de reproche et de pitié.

— Suis-je contraint de me fier à vous, répondit Schumacker, à vous qui prenez toujours en ma présence le parti de l'implacable Guldenlew?...

— Le vice-roi, interrompit gravement le jeune homme, vient d'ordonner que vous seriez à l'avenir libre et sans gardes dans l'intérieur de tout le donjon du Lion de Slesvig. C'est une nouvelle que j'ai recueillie à Berghen, et que vous recevrez sans doute incessamment.

— C'est une faveur que je n'osais espérer, et je croyais n'avoir parlé de mon désir qu'à vous seul. Au surplus, on diminue le poids de mes fers à mesure que celui de mes années s'accroît, et, quand les infirmités m'auront rendu impotent, on me dira sans doute : Vous êtes libre.

A ces mots le vieillard sourit amèrement; il continua :

— Et vous, jeune homme, avez-vous toujours vos folles idées d'indépendance?

— Si je n'avais point ces folles idées, je ne serais pas ici.

— Comment êtes-vous venu à Drontheim?

— Eh bien ! à cheval.

— Comment êtes-vous venu à Munckholm?

— Sur une barque.

— Pauvre insensé! qui crois être libre, et qui passes d'un cheval dans une barque. Ce ne sont point tes membres qui exécutent tes volontés; c'est un animal, c'est la matière; et tu appelles cela des volontés!

— Je force des êtres à m'obéir.

— Prendre sur certains êtres le droit d'en être obéi, c'est donner à d'autres celui de vous commander. L'indépendance n'est que dans l'isolement.

— Vous n'aimez pas les hommes, noble comte?

Le vieillard se mit à rire tristement. — Je pleure d'être

homme, et je ris de celui qui me console. — Vous le saurez si vous l'ignorez encore, le malheur rend défiant comme la prospérité rend ingrat. Ecoutez, puisque vous venez de Berghen, apprenez-moi quel vent favorable a soufflé sur le capitaine Dispolsen. Il faut qu'il lui soit arrivé quelque chose d'heureux, puisqu'il m'oublie.

Ordener devint sombre et embarrassé.

— Dispolsen, seigneur comte, c'est pour vous en parler que je suis venu dès aujourd'hui. — Je sais qu'il avait toute votre confiance.

— Vous le savez? interrompit le prisonnier avec inquiétude. Vous vous trompez. Nul être au monde n'a ma confiance. — Dispolsen tient, il est vrai, entre ses mains mes papiers, des papiers même très-importants. C'est pour moi qu'il est allé à Copenhague, près du roi. J'avouerai même que je comptais plus sur lui que sur tout autre, car dans ma puissance je ne lui avais jamais rendu service.

— Eh bien! noble comte, je l'ai vu aujourd'hui.

— Votre trouble me dit le reste; il est traître.

— Il est mort.

— Mort!

Le prisonnier croisa ses bras et baissa la tête, puis, relevant son œil fixe vers le jeune homme :

— Quand je vous disais qu'il lui était arrivé quelque chose d'heureux!...

Puis son regard se tourna vers la muraille où étaient suspendus les signes de ses grandeurs détruites, et il fit un geste de la main comme pour éloigner le témoin d'une douleur qu'il s'efforçait de vaincre.

— Ce n'est pas lui que je plains, ce n'est qu'un homme de moins. — Ce n'est pas moi : qu'ai-je à perdre? Mais ma fille, ma fille infortunée! je serai la victime de cette infâme machination; et que deviendra-t-elle si on lui enlève son père?...

Il se retourna vivement vers Ordener.

— Comment est-il mort? où l'avez-vous vu?

— Je l'ai vu au Spladgest; on ne sait s'il est mort d'un suicide ou d'un assassinat.

— Voici maintenant l'important. S'il a été assassiné, je sais d'où le coup part; alors tout est perdu. Il m'apportait les preuves du complot qu'ils trament contre moi; ces preuves auraient pu me sauver et les perdre... Ils ont su les détruire!... — Malheureuse Ethel!...

— Seigneur comte, dit Ordener, je vous dirai demain s'il a été assassiné.

Schumacker, sans répondre, suivit Ordener qui sortait, d'un regard où se peignait le calme du désespoir, plus effrayant que le calme de la mort.

Ordener était dans l'antichambre solitaire du prisonnier, sans savoir de quel côté se diriger. La soirée était avancée et la salle obscure; il ouvrit une porte au hasard et se trouva dans un immense corridor, éclairé seulement par la lune, qui courait rapidement à travers de pâles nuées. Ses lueurs nébuleuses tombaient par intervalles sur les vitraux étroits et élevés, et dessinaient sur la muraille opposée comme une longue procession de fantômes, qui apparaissait et disparaissait simultanément dans les profondeurs de la galerie. Le jeune homme se signa lentement, et marcha vers une lumière rougeâtre qui brillait faiblement à l'extrémité du corridor.

Une porte était entr'ouverte; une jeune fille agenouillée dans un oratoire gothique, au pied d'un simple autel, récitait à demi-voix les litanies de la Vierge; oraison simple et sublime, où l'âme qui s'élève vers la Mère des Sept-Douleurs ne la prie que de prier.

Cette jeune fille était vêtue de crêpe noir et de gaze blanche, comme pour faire deviner en quelque sorte, au premier aspect, que ses jours s'étaient enfuis jusqu'alors dans la tristesse et dans l'innocence. Même en cette attitude modeste, elle portait dans tout son être l'empreinte d'une nature singulière. Ses yeux et ses longs cheveux étaient noirs, beauté très-rare dans le Nord; son regard élevé vers la voûte paraissait plutôt enflammé par l'extase qu'éteint par le recueillement. Enfin, on eût dit une vierge des rives de Chypre ou des campagnes de Tibur, revêtue des voiles fantastiques d'Ossian, et prosternée devant la croix de bois et l'autel de pierre de Jésus.

Ordener tressaillit et fut prêt à défaillir, car il reconnut celle qui priait.

Elle pria pour son père, pour le puissant tombé, pour le vieux captif abandonné, et elle récita à haute voix le psaume de la délivrance.

Elle pria encore pour un autre; mais Ordener n'entendit pas le nom de celui pour qui elle priait; il ne l'entendit pas, car elle ne le prononça pas; seulement elle récita le cantique de la Sulamite, l'épouse qui attend l'époux, et le retour du bien-aimé.

Ordener s'éloigna dans la galerie; il respecta cette vierge qui s'entretenait avec le ciel; la prière est un grand mystère, et son cœur s'était rempli, malgré lui, d'un ravissement inconnu, mais profane.

La porte de l'oratoire se ferma doucement, et une lumière et une femme blanche dans les ténèbres vinrent de son côté. Il s'arrêta, car il éprouvait une des plus violentes émotions de la vie; il s'adossa à l'obscure muraille; son corps était faible, et les os de ses membres s'entre-choquaient dans leurs jointures, et, dans le silence de tout son être, les battements de son cœur retentissaient à son oreille.

Quand la jeune fille passa, elle entendit le froissement d'un manteau, et une haleine brusque et précipitée.

— Dieu! cria-t-elle.....

Ordener s'élança : d'un bras il la soutint, de l'autre il

chercha vainement à retenir la lampe, qu'elle avait laissé échapper, et qui s'éteignit.

— C'est moi, dit-il doucement.

— C'est Ordener! dit la jeune fille, car le dernier retentissement de cette voix, qu'elle n'avait pas entendue depuis un an, était encore dans son oreille.

Et la lune qui passait éclaira la joie de sa charmante figure : puis elle reprit, timide et confuse, et se dégageant des bras du jeune homme :

— C'est le seigneur Ordener.

— C'est lui, comtesse Ethel....

— Pourquoi m'appelez-vous comtesse?

— Pourquoi m'appelez-vous seigneur?

La jeune fille se tut et sourit; le jeune homme se tut et soupira. Elle rompit la première le silence :

— Comment donc êtes-vous ici?

— Faites-moi merci, si ma présence vous afflige. J'étais venu pour parler au comte votre père?

— Ainsi, dit Ethel d'une voix altérée, vous n'êtes venu que pour mon pére.

Le jeune homme baissa la tête, car ces paroles lui semblaient bien injustes.

— Il y a sans doute déjà longtemps, continua la jeune fille d'un ton de reproche, il y a sans doute déjà longtemps que vous êtes à Drontheim? Votre absence de ce château n'a pu vous paraître longue, à vous.

Ordener, profondément blessé, ne répondit pas.

— Je vous approuve, dit la prisonnière d'une voix tremblante de douleur et de colère; mais, ajouta-t-elle d'un ton fier, j'espére, seigneur Ordener, que vous ne m'avez pas entendue prier?

— Comtesse, répondit enfin le jeune homme, je vous ai entendue.

— Ah! seigneur Ordener, il n'est point courtois d'écouter ainsi.

— Je ne vous ai pas écoutée, noble comtesse, dit faiblement Ordener; je vous ai entendue.

— J'ai prié pour mon père, reprit la jeune fille en le regardant fixement, et comme attendant une réponse à cette parole toute simple.

Ordener garda le silence.

— J'ai aussi prié, continua-t-elle, inquiète et paraissant attentive à l'effet que ces paroles allaient produire sur lui, j'ai aussi prié pour quelqu'un qui porte votre nom, pour le fils du vice-roi, du comte Guldenlew. Car il faut prier pour tout le monde, même pour ses persécuteurs.....

Et la jeune fille rougit, car elle pensait mentir; mais elle était piquée contre le jeune homme, et elle croyait l'avoir nommé pendant sa prière : elle ne l'avait nommé que dans son cœur.

— Ordener Guldenlew est bien malheureux, noble dame, si vous le comptez au nombre de vos persécuteurs; il est bien heureux cependant d'occuper une place dans vos prières.

— Oh! non, dit Ethel troublée et effrayée de l'air froid du jeune homme, non, je ne priais pas pour lui..... J'ignore ce que j'ai fait, ce que je fais. Quant au fils du vice-roi, je le déteste, je ne le connais pas. Ne me regardez pas de cet œil sévère : vous ai-je offensé? ne pouvez-vous rien pardonner à une pauvre prisonnière, vous qui passez vos jours près de quelque belle et noble dame, libre et heureuse comme vous!...

— Moi, comtesse!... s'écria Ordener.

Ethel versait un torrent de larmes; le jeune homme se précipita à ses pieds.

— Ne m'avez-vous pas dit, continua-t-elle souriant à

travers ses pleurs, que votre absence vous avait semblé courte?

— Qui, moi, comtesse?

— Ne m'appelez pas ainsi, dit-elle doucement, je ne suis plus comtesse pour personne, et surtout pour vous.

Le jeune homme se leva violemment, et ne put s'empêcher de la presser sur son cœur dans un ravissement convulsif.

— Eh bien! mon Ethel adorée, nomme-moi ton Ordener... — Dis-moi, et il attacha un regard brûlant sur ses yeux mouillés de larmes; dis-moi, tu m'aimes donc?...

Ce que dit la jeune fille ne fut pas entendu, car Ordener, hors de lui, avait ravi sur ses lèvres avec sa réponse cette première faveur, ce baiser sacré qui suffit aux yeux de Dieu pour changer deux amants en époux.

Tous deux restèrent sans paroles, parce qu'ils étaient dans un de ces moments solennels, si rares et si courts sur la terre, où l'âme semble éprouver quelque chose de la félicité des cieux. Ce sont des instants indéfinissables que ceux où deux âmes s'entretiennent ainsi dans un langage qui ne peut être compris que d'elles; alors tout ce qu'il y a d'humain se tait, et les deux êtres immatériels s'unissent mystérieusement pour la vie de ce monde et l'éternité de l'autre.

Ethel s'était lentement retirée des bras d'Ordener, et, aux lueurs de la lune, ils se regardaient avec ivresse; seulement, l'œil de flamme du jeune homme respirait un mâle orgueil et un courage de lion; tandis que le regard demi-voilé de la jeune fille était empreint de cette pudeur, honte angélique, qui, dans le cœur d'une vierge, se mêle à toutes les joies de l'amour.

— Tout à l'heure, dans ce corridor, dit-elle enfin, vous m'évitiez donc, mon Ordener?

— Je ne vous évitais pas, j'étais comme le malheureux

aveugle que l'on rend à la lumière après de longues années, et qui se détourne un moment du jour.

— C'est à moi plutôt que s'applique votre comparaison, car, durant votre absence, je n'ai eu d'autre bonheur que la présence d'un infortuné, de mon père. Je passais mes longues journées à le consoler, et, ajouta-t-elle en baissant les yeux, à vous espérer. Je lisais à mon père les fables de l'Edda, et, quand je l'entendais douter des hommes, je lui lisais l'Evangile, pour qu'au moins il ne doutât pas du ciel; puis je lui parlais de vous, et il se taisait, ce qui prouve qu'il vous aime; seulement, quand j'avais inutilement passé mes soirées à regarder de loin sur les routes les voyageurs qui arrivaient, et dans le port les vaisseaux qui abordaient, il secouait la tête avec un sourire amer, et je pleurais. Cette prison, où s'est jusqu'ici passée toute ma vie, m'était devenue odieuse, et pourtant mon père, qui, jusqu'à votre apparition, l'avait toujours remplie pour moi, y était encore, mais vous n'y étiez plus, et je désirais cette liberté que je ne connaissais pas.

Il y avait dans les yeux de la jeune fille, dans la naïveté de sa tendresse, dans la douce hésitation de ses épanchements, un charme que des paroles humaines n'exprimeraient pas. Ordener l'écoutait avec cette joie rêveuse d'un être qui serait enlevé au monde réel pour assister au monde idéal.

— Et moi, dit-il, maintenant je ne veux plus de cette liberté que vous ne partagez pas!

— Quoi! Ordener! reprit vivement Ethel, vous ne nous quitterez donc plus?

Cette expression rappela au jeune homme tout ce qu'il avait oublié.

— Mon Ethel, il faut que je vous quitte ce soir. Je vous reverrai demain, et demain je vous quitterai encore, jusqu'à ce que je revienne pour ne plus vous quitter.

— Hélas ! interrompit douloureusement la jeune fille, absent encore !...

— Je vous répète, ma bien-aimée Ethel, que je reviendrai bientôt vous arracher de cette prison ou m'y ensevelir avec vous.

— Prisonnière avec lui ! dit-elle doucement. Ah ! ne me trompez pas, faut-il que j'espère tant de bonheur ?...

— Quel serment te faut-il ? que veux-tu de moi ? s'écria Ordener ; dis-moi, mon Ethel, n'es-tu pas mon épouse ?... Et, transporté d'amour, il la serrait fortement contre sa poitrine.

— Je suis à toi, murmura-t-elle faiblement.

Ces deux cœurs nobles et purs battaient ainsi avec délices l'un contre l'autre, et n'en étaient que plus nobles et plus purs.

En ce moment un violent éclat de rire se fit entendre auprès d'eux. Un homme enveloppé d'un manteau découvrit une lanterne sourde qu'il y avait cachée, et dont la lumière éclaira subitement la figure effrayée et confuse d'Ethel et le visage étonné et fier d'Ordener.

—Courage ! mon joli couple ! courage ! mais il me semble qu'après avoir cheminé si peu de temps dans le pays du Tendre, vous n'avez pas suivi tous les détours du ruisseau du Sentiment, et que vous avez dû prendre un chemin de traverse pour arriver si vite au hameau du Baiser.

Nos lecteurs ont sans doute reconnu le lieutenant admirateur de mademoiselle de Scudéry. Arraché de la lecture de la *Clélie* par le beffroi de minuit, que les deux amants n'avaient pas entendu, il était venu faire sa ronde nocturne dans le donjon. En passant à l'extrémité du corridor de l'orient, il avait recueilli quelques paroles et vu comme deux spectres se mouvoir dans la galerie à la clarté de la lune. Alors, naturellement curieux et hardi, il avait caché sa lanterne sous son manteau, et s'était avancé sur la pointe du pied près des deux fantômes, que son brusque éclat de rire venait d'arracher désagréablement à leur extase.

Ethel fit un mouvement pour fuir Ordener, puis, revenant à lui comme par instinct et pour lui demander protection, elle cacha sa tête brûlante dans le sein du jeune homme.

Celui-ci releva la sienne avec un orgueil de roi :

— Malheur, dit-il, malheur à celui qui vient de t'effrayer et de t'affliger, mon Ethel!

— Oui vraiment, dit le lieutenant, malheur à moi si j'avais eu la maladresse d'épouvanter la tendre Mandane!

— Seigneur lieutenant, dit Ordener d'un ton hautain, je vous engage à vous taire.

— Seigneur insolent, répliqua l'officier, je vous engage à vous taire.

— M'entendez-vous? reprit Ordener d'une voix tonnante; achetez votre pardon par le silence.

— *Tibi tua*, répondit le lieutenant, prenez vos avis pour vous, achetez votre pardon par le silence.

— Taisez-vous! s'écria Ordener avec une voix qui fit trembler les vitraux; et, déposant la tremblante jeune fille sur un des vieux fauteuils du corridor, il secoua énergiquement le bras de l'officier.

— Oh! paysan, dit le lieutenant, moitié riant, moitié irrité, vous ne remarquez pas que ce pourpoint que vous froissez si brutalement est du plus beau velours d'Abingdon.

Ordener le regarda fixement.

— Lieutenant, ma patience est plus courte que mon épée.

— Je vous entends, mon brave damoisel, dit le lieutenant avec un sourire ironique, vous voudriez bien que je vous fisse un tel honneur; mais savez-vous qui je suis? Non, non, s'il vous plaît, *prince contre prince, berger contre berger*, comme disait le beau Léandre.

—S'il faut dire aussi lâche contre lâche! reprit Ordener, assurément je n'aurai point l'insigne honneur de me mesurer avec vous.

— Je me fâcherais, mon très-honorable berger, si vous portiez seulement l'uniforme.

— Je n'en ai ni les galons ni les franges, lieutenant, mais j'en porte le sabre.

Le fier jeune homme, rejetant son manteau en arrière, avait mis sa toque sur sa tête et saisi la garde de son sabre, lorsque Ethel, réveillée par ce danger imminent, se précipita sur son bras et s'attacha à son cou avec un cri de terreur et de prière.

— Vous faites sagement, ma belle damoiselle, si vous ne voulez pas que le jouvencel soit puni de ses hardiesses, dit le lieutenant, qui, aux menaces d'Ordener, s'était mis en garde sans s'émouvoir; car Cyrus allait se brouiller avec Cambyse, pourvu toutefois que ce ne soit pas faire trop d'honneur à ce vassal que de le comparer à Cambyse.

— Au nom du ciel, seigneur Ordener, disait Ethel, que je ne sois pas la cause et le témoin d'un pareil malheur!... Puis, levant sur lui ses beaux yeux, elle ajouta : Ordener, je t'en supplie!...

Ordener repoussa lentement dans le fourreau la lame à demi tirée, et le lieutenant s'écria :

— Par ma foi, chevalier, j'ignore si vous l'êtes, mais je vous en donne le titre parce que vous paraissez le mériter; moi et vous agissons suivant les lois de la bravoure, mais non suivant celles de la galanterie. La damoiselle a raison, des engagements comme celui que je vous crois digne de nouer avec moi ne doivent pas avoir des dames pour témoins, quoique, n'en déplaise à la charmante damoiselle, ils puissent avoir des dames pour causes. Nous ne pouvons donc ici convenablement parler que du *duellum remotum*, et, comme l'offensé, si vous voulez en fixer l'époque, le lieu et les armes, ma fine lame de Tolède ou mon poignard de Mérida seront à la disposition de votre hachoir sorti des forges d'Ashkreuth, ou de votre couteau de chasse trempé dans le lac de Sparbo.

Le *duel ajourné* que l'officier proposait à Ordener était en usage dans le Nord, d'où les savants prétendent que la coutume du duel est sortie. Les plus vaillants gentilshommes proposaient et acceptaient le *duellum remotum*. On le remettait à plusieurs mois, quelquefois à plusieurs années, et durant cet intervalle les adversaires ne devaient s'occuper ni en paroles ni en actions de l'affaire qui avait amené le défi. Ainsi, en amour, les deux rivaux s'abstenaient de voir leur maîtresse, afin que les choses restassent dans le même état : on se reposait à cet égard sur la loyauté des chevaliers; comme dans les anciens tournois, si les juges du camp, croyant la loi courtoise violée, jetaient leur bâton dans l'arène, à l'instant tous les combattants s'arrêtaient; mais, jusqu'à l'éclaircissement du doute, la gorge du vaincu restait à la même distance de l'épée du vainqueur.

— Eh bien! chevalier, dit Ordener après un moment de réflexion... un messager vous instruira du lieu.

— Soit, répondit le lieutenant; d'autant mieux que cela me donnera le temps d'assister aux cérémonies du mariage de ma sœur, car vous saurez que vous aurez l'honneur de vous battre avec le futur beau-frère d'un haut seigneur, du fils du vice-roi de Norwége, du baron Ordener Guldenlew, lequel, à l'occasion de cet illustre hyménée, comme dit Artamène, va être créé comte de Danneskiold, colonel et chevalier de l'Eléphant; et moi-même, qui suis le fils du grand chancelier des deux royaumes, je serai sans doute nommé capitaine.

— Fort bien, fort bien, lieutenant d'Ahlefeld, dit Ordener avec impatience, vous n'êtes point encore capitaine, ni le fils du vice-roi colonel... et les sabres sont toujours des sabres.

— Et les rustres toujours des rustres, quoi qu'on fasse pour les élever jusqu'à soi, dit entre ses dents l'officier.

— Chevalier, continua Ordener, vous connaissez la loi courtoise. Vous n'entrerez plus dans ce donjon, et vous garderez le silence sur cette affaire.

— Pour le silence, rapportez-vous-en à moi, je serai aussi muet que Muce Scévole lorsqu'il eut le poing sur le brasier. Je n'entrerai non plus dans le donjon, ni moi, ni aucun argus de la garnison, car je viens de recevoir un ordre d'y laisser à l'avenir Schumacker sans gardes, ordre que j'étais chargé de lui communiquer ce soir, ce que j'aurais fait si je n'avais passé une partie de la soirée à essayer de nouvelles bottines de Cracovie. — Cet ordre, entre nous, est bien imprudent. — Voulez-vous que je vous montre mes bottines?

Pendant cette conversation, Ethel, les voyant apaisés, et ne comprenant pas ce que c'était qu'un *duellum remotum*, avait disparu, après avoir dit doucement à l'oreille d'Ordener : *A demain.*

— Je voudrais, lieutenant d'Ahlefeld, que vous m'aidassiez à sortir du fort.

— Volontiers, dit l'officier, quoiqu'il soit un peu tard, ou plutôt de bien bonne heure. Mais comment trouverez-vous une barque?

— Cela me regarde, dit Ordener.

Alors, s'entretenant de bonne amitié, ils traversèrent le jardin, la cour circulaire, la cour carrée, sans qu'Ordener, conduit par l'officier de ronde, éprouvât d'obstacle; ils franchirent la grande herse, le hangar de l'artillerie, la place d'armes, et arrivèrent à la cour basse, dont la porte de fer s'ouvrit à la voix du lieutenant.

— Au revoir, lieutenant d'Ahlefeld! dit Ordener.

— Au revoir, répondit l'officier. Je déclare que vous êtes un brave champion, quoique j'ignore qui vous êtes, et si ceux de vos pairs que vous amènerez à notre rendez-vous auront qualité pour prendre le titre de parrains, et ne devront pas se borner au nom modeste d'assistants.

Ils se serrèrent la main; la porte de fer se referma, et le lieutenant retourna, en fredonnant un air de Lulli, admirer ses bottes polonaises et le roman français.

Ordener, resté seul sur le seuil, quitta ses vêtements, qu'il enveloppa de son manteau et attacha sur sa tête avec le ceinturon de son sabre; puis, mettant en pratique les principes d'indépendance de Schumacker, il s'élança dans l'eau froide et calme du golfe, et commença à nager au milieu de l'obscurité, vers le rivage, en se dirigeant du côté du Spladgest, destination où il était toujours à peu près sûr d'arriver mort ou vif.

Les fatigues de la journée l'avaient épuisé; aussi n'aborda-t-il que très-péniblement. Il se rhabilla à la hâte, et marcha vers le Spladgest, qui se dessinait dans la place du port comme une masse noire; car depuis quelque temps la lune s'était entièrement voilée.

En approchant de cet édifice, il entendit comme un bruit de voix; une lumière faible sortait par l'ouverture supérieure. Etonné, il frappa violemment à la porte carrée : le bruit cessa, la lueur disparut. Il frappa de nouveau : la lumière, en reparaissant, lui laissa voir quelque chose de noir sortir par l'orifice supérieur et se blottir sur le toit plat du bâtiment. Ordener frappa une troisième fois avec le pommeau de son sabre, et cria : — Ouvrez, de par Sa Majesté le roi! ouvrez, de par Sa Sérénité le vice-roi!

La porte s'ouvrit enfin lentement, et Ordener se trouva face à face avec la longue figure pâle et maigre de Spiagudry, qui, les habits en désordre, l'œil hagard, les cheveux hérissés, les mains ensanglantées, portait une lampe sépulcrale, dont la flamme tremblait encore moins visiblement que son grand corps.

VI

PIRRO.

Jamais!

ANGELO.

Quoi! je crois que tu veux faire l'homme de bien. Misérable! si tu dis un seul mot...

PIRRO.

Mais, Angelo, je t'en conjure, pour l'amour de Dieu...

ANGELO.

Laisse faire ce que tu ne peux empêcher.

PIRRO.

Ah! quand le diable vous tient par un cheveu, il faut lui abandonner toute la tête... Malheureux que je suis!

EMILIA GALOTTI.

Une heure environ après que le jeune voyageur à la plume noire fut sorti du Spladgest, la nuit étant tout à fait tombée et la foule entièrement écoulée, Oglypiglap avait fermé la porte extérieure de l'édifice funèbre, tandis que son maître Spiagudry arrosait pour la dernière fois les corps qui y étaient déposés. Puis tous deux s'étaient retirés dans leur très-peu somptueux appartement, et, tandis qu'Oglypiglap dormait sur son petit grabat, comme l'un des cadavres confiés à sa garde, le vénérable Spiagudry, assis devant une table de pierre couverte de vieux livres, de plantes desséchées et d'ossements décharnés, s'était plongé dans les graves études qui, bien que réellement fort innocentes, n'avaient pas peu contribué à lui donner parmi le peuple une réputation de sorcellerie et de diablerie, fâcheux apanage de la science à cette époque.

Il y avait plusieurs heures qu'il était absorbé dans ses méditations; et, prêt enfin à quitter ses livres pour son lit, il s'était arrêté à ce passage lugubre de Thormodus Torfœus :

« Quand un homme allume sa lampe, la mort est chez « lui avant qu'elle soit éteinte... »

— N'en déplaise au savant docteur, se dit-il à demi-voix, il n'en sera point ainsi chez moi ce soir.

Et il prit sa lampe pour la souffler.

— Spiagudry! cria une voix qui sortait de la salle des cadavres.

Le vieux concierge trembla de tous ses membres. Ce n'est pas qu'il crût, comme tout autre peut-être à sa place, que les tristes hôtes du Spladgest s'insurgeaient contre leur gardien. Il était assez savant pour ne pas éprouver de ces terreurs imaginaires; et la sienne n'était si réelle que parce qu'il connaissait trop bien la voix qui l'appelait.

— Spiagudry! répéta violemment la voix, faudra-t-il, pour te faire entendre, que j'aille t'arracher les oreilles!

— Que saint Hospice ait pitié, non de mon âme, mais de mon corps! dit l'effrayé vieillard; et, d'un pas que la peur pressait et ralentissait à la fois, il se dirigea vers la seconde porte latérale, qu'il ouvrit. Nos lecteurs n'ont pas oublié que cette porte communiquait à la salle des morts.

La lampe qu'il portait éclaira alors un tableau bizarrement hideux. D'un côté, le corps maigre, long et légèrement voûté de Spiagudry; de l'autre, un homme petit, épais et trapu, vêtu de la tête aux pieds de peaux de toutes sortes d'animaux encore teintes d'un sang desséché, et debout aux pieds du cadavre de Gill Stadt, qui, avec ceux de la jeune fille et du capitaine, occupait le fond de la scène. Ces trois muets témoins, ensevelis dans une sorte de pénombre, étaient les seuls qui pussent voir, sans fuir d'épouvante, les deux vivants dont l'entretien commençait.

Les traits du petit homme, que la lumière faisait vivement ressortir, avaient quelque chose d'extraordinairement sauvage. Sa barbe était rousse et touffue, et son front, caché sous un bonnet de peau d'élan, paraissait hérissé de cheveux de même couleur; sa bouche était large, ses lèvres épaisses, ses dents blanches, aiguës et séparées; son nez, recourbé comme le bec de l'aigle : et son œil gris-bleu, extrêmement mobile, lançait sur Spiagudry un regard oblique où la férocité du tigre n'était tempérée que par la malice du singe. Ce personnage singulier était armé d'un large sabre, d'un poignard sans fourreau, et d'une hache à tranchants de pierre, sur le long manche de laquelle il était appuyé : ses mains étaient couvertes de gros gants de peau de renard bleu.

— Ce vieux spectre m'a fait attendre bien longtemps, dit-il, se parlant à lui-même; et il poussa une espèce de rugissement comme une bête des bois.

Spiagudry aurait certainement pâli d'effroi s'il eût pu pâlir.

— Sais-tu bien, poursuivit le petit homme en s'adressant à lui directement, que je viens des grèves d'Urchtal? avais-tu donc envie, en me retardant, d'échanger ta couche de paille contre une de ces couches de pierre?

Le tremblement de Spiagudry redoubla; les deux seules dents qui lui restaient s'entre-choquèrent avec violence.

— Pardonnez, maître, dit-il en courbant l'arc de son grand corps jusqu'au niveau du petit homme, je dormais d'un profond sommeil...

— Veux-tu que je te fasse connaître un sommeil plus profond encore?

Spiagudry fit une grimace de terreur qui seule pouvait être plus plaisante que ses grimaces de gaieté.

— Eh bien ! qu'est-ce? continua le petit homme. Qu'as-tu ? Est-ce que ma présence ne t'est pas agréable?

— Oh! mon maître et seigneur, répondit le vieux concierge, il n'est certainement pas pour moi de bonheur plus grand que la vue de Votre Excellence.

Et l'effort qu'il faisait pour donner à sa physionomie effrayée une expression riante eût déridé tout autre que des morts.

— Vieux renard sans queue, Mon Excellence t'ordonne de me remettre les vêtements de Gill Stadt.

En prononçant ce nom, le visage farouche et railleur du petit homme devint sombre et triste.

— Oh ! maitre, pardonnez, je ne les ai plus, dit Spiagudry; Votre Grâce sait que nous sommes obligés de livrer au fisc royal les dépouilles des ouvriers des mines, dont le roi hérite en sa qualité de leur tuteur-né.

Le petit homme se tourna vers le cadavre, croisa les bras, et dit d'une voix sourde : — Il a raison. Ces misérables mineurs sont comme l'eider (1). On lui fait son nid, on lui prend son duvet.

Puis, soulevant le cadavre entre ses bras et l'étreignant fortement, il se mit à pousser des cris sauvages d'amour et de douleur, pareils aux grondements d'un ours qui caresse son petit. A ces sons inarticulés se mêlaient, par intervalles, quelques mots d'un jargon étrange que Spiagudry ne comprenait pas.

Il laissa retomber le cadavre sur la pierre, et retourna vers le gardien.

— Sais-tu, sorcier maudit, le nom du soldat né sous un

(1) Oiseau qui donne l'édredon. Les paysans norwégiens lui construisent des nids, où ils le surprennent et le plument.

mauvais astre qui a eu le malheur d'être préféré à Gill par cette fille?

Et il poussa du pied les restes froids de Guth Stersen.

Spiagudry fit un signe négatif.

— Eh bien! par la hache d'Ingolphe, le chef de ma race, j'exterminerai tous les porteurs de cet uniforme; et il désignait les vêtements de l'officier.—Celui dont je veux la vengeance se trouvera dans le nombre. J'incendierai toute la forêt pour brûler l'arbuste vénéneux qu'elle renferme. Je l'ai juré du jour où Gill est mort; et je lui ai donné déjà un compagnon qui doit réjouir son cadavre. — Gill! te voilà donc là sans force et sans vie, toi qui atteignais le phoque à la nage, le chamois à la course; toi qui étouffais l'ours des monts de Kole à la lutte; te voilà immobile, toi qui parcourais le Drontheimhus, depuis l'Orkel jusqu'au lac de Smiasen, en un jour; toi qui gravissais les pics du Dofre-Field comme l'écureuil gravit le chêne; te voilà muet, Gill, toi qui, debout sur les sommets orageux de Kongsberg, chantais plus haut que le tonnerre. O Gill! c'est donc en vain que j'ai comblé pour toi les mines de Farrær; c'est en vain que j'ai incendié l'église cathédrale de Drontheim; toutes mes peines sont perdues, et je ne verrai pas se perpétuer en toi la race des enfants d'Islande, la descendance d'Ingolphe l'Exterminateur; tu n'hériteras pas de ma hache de pierre: et c'est toi au contraire qui me lègues ton crâne pour y boire désormais l'eau des mers et le sang des hommes.

A ces mots, saisissant la tête du cadavre:

— Spiagudry, dit-il, aide-moi. Et, arrachant ses gants, il découvrit ses larges mains, armées d'ongles longs, durs et retors comme ceux d'une bête fauve.

Spiagudry, qui le vit prêt à faire sauter avec son sabre le crâne du cadavre, s'écria avec un accent d'horreur qu'il ne put réprimer: — Juste Dieu!... maitre, un mort!

— Eh bien! répliqua tranquillement le petit homme, aimes-tu mieux que cette lame s'aiguise ici sur un vivant?

— Oh! permettez-moi de supplier Votre Courtoisie... Comment Votre Excellence peut-elle profaner?... — Votre Grâce... Seigneur, Votre Sérénité ne voudra pas...

— Finiras-tu? ai-je besoin de tous ces titres, squelette vivant, pour croire à ton profond respect pour mon sabre?

— Par saint Waldemar, par saint Usuph, au nom de saint Hospice, épargnez un mort!...

— Aide-moi, et ne parle pas des saints au diable.

— Seigneur, poursuivit le suppliant Spiagudry, par votre illustre aïeul saint Ingolphe!...

— Ingolphe l'Exterminateur était un réprouvé comme moi.

— Au nom du ciel, dit le vieillard en se prosternant, c'est cette réprobation que je veux vous éviter.

L'impatience transporta le petit homme. Ses yeux gris et ternes brillèrent comme deux charbons ardents.

— Aide-moi! répéta-t-il en agitant son sabre.

Ces deux mots furent prononcés de la voix dont les prononcerait un lion, s'il parlait. Le concierge, tremblant et à demi mort, s'assit sur la pierre noire, et soutint de ses mains la tête froide et humide de Gill, tandis que le petit homme, à l'aide de son poignard et de son sabre, enlevait le crâne avec une dextérité singulière.

Quand cette opération fut terminée, il considéra quelque temps le crâne sanglant, en proférant des paroles étranges; puis il le remit à Spiagudry pour qu'il le dépouillât et le lavât, et dit en poussant une espèce de hurlement:

— Et moi, je n'aurai pas en mourant la consolation de penser qu'un héritier de l'âme d'Ingolphe boira dans mon crâne le sang des hommes et l'eau des mers.

Après une sinistre rêverie, il continua :

— L'ouragan est suivi de l'ouragan l'avalanche entraîne l'avalanche, et moi je serai le dernier de ma race. Pourquoi Gill n'a-t-il pas haï comme moi tout ce qui porte la face humaine? Quel démon ennemi du démon d'Ingolphe l'a poussé sous ces fatales mines à la recherche d'un peu d'or?

Spiagudry, qui lui rapportait le crâne de Gill, l'interrompit :—L'Excellence a raison : l'or lui-même, dit Snorro Sturleson, s'achète souvent trop cher.

— Tu me rappelles, dit le petit homme, une commission dont il faut que je te charge; voici une boite de fer que j'ai trouvée sur cet officier, dont tu n'as pas, comme tu le vois, toutes les dépouilles; elle est si solidement fermée, qu'elle doit renfermer de l'or, seule chose précieuse aux yeux des hommes; tu la remettras à la veuve Stadt, au hameau de Thoctrée, pour lui payer son fils.

Il tira alors de son havresac de peau de renne un très-petit coffre de fer; Spiagudry le reçut, et s'inclina.

— Remplis fidèlement mon ordre, dit le petit homme en lui lançant un regard perçant; songe que rien n'empêche deux démons de se revoir; je te crois encore plus lâche qu'avare, et tu me réponds de ce coffre...

— Oh! maître, sur mon âme...

— Non pas! sur tes os et sur ta chair.

En ce moment, la porte extérieure du Spladgest retentit d'un coup violent. Le petit homme s'étonna, Spiagudry chancela et couvrit sa lampe de sa main.

— Qu'est-ce? s'écria le petit homme en grondant... — Et toi, vieux misérable, comment trembleras-tu donc quand tu entendras la trompette du jugement dernier?

Un second coup plus fort se fit entendre.

— C'est quelque mort pressé d'entrer, dit le petit homme.

— Non, maître, murmura Spiagudry, on n'amène point de morts passé minuit.

— Mort ou vivant, il me chasse. — Toi, Spiagudry, sois fidèle et muet ; je te jure, par l'esprit d'Ingolphe et le crâne de Gill, que tu passeras dans ton auberge de cadavres tout le régiment de Munckholm en revue.

Et le petit homme, attachant le crâne de Gill à sa ceinture et remettant ses gants, s'élança avec l'agilité d'un chamois, et à l'aide des épaules de Spiagudry, par l'ouverture supérieure, où il disparut.

Un troisième coup ébranla le Spladgest, et une voix du dehors ordonna d'ouvrir aux noms du roi et du vice-roi. Alors le vieux concierge, à la fois agité par deux terreurs différentes, dont on pourrait nommer l'une de *souvenir*, et l'autre d'*espérance*, s'achemina vers la porte carrée, et l'ouvrit.

VII

> Cette joie à laquelle se réduit la félicité temporelle, elle s'est fatiguée à la poursuivre par des sentiers âpres et douloureux, sans avoir jamais pu l'atteindre.
>
> *Confessions de saint Augustin.*

Rentré dans son cabinet après avoir quitté Poël, le gouverneur de Drontheim s'enfonça dans un large fauteuil, et ordonna, pour se distraire, à l'un de ses secrétaires de lui rendre compte des placets présentés au gouvernement.

Celui-ci, après s'être incliné, commença :

« 1° Le révérend docteur Anglyvius demande qu'il soit pourvu au remplacement du révérend docteur Foxtipp,

« directeur de la bibliothèque épiscopale, pour cause d'in-« capacité. L'exposant ignore qui pourra remplacer ledit « docteur incapable ; il fait seulement savoir que lui, doc-« teur Anglyvius, a longtemps exercé les fonctions de bi-« bliothéc..... »

— Renvoyez ce drôle à l'évêque, interrompit le général.

— « 2° Athanase Munder, prêtre, ministre des prisons, « demande la grâce de douze condamnés pénitents, à l'oc-« casion des glorieuses noces de Sa Courtoisie Ordener « Guldenlew, baron de Thorvick, chevalier de Dannebrog, « fils du vice-roi, avec noble dame Ulrique d'Ahlefeld, fille « de Sa Grâce le comte grand chancelier des deux royau-« mes. »

— Ajournez, dit le général. Je plains les condamnés.

— « 3° Fauste-Prudens Destrombidès, sujet norwégien, « poëte latin, demande à faire l'épithalame desdits nobles « époux. »

— Ah! ah! le brave homme doit être vieux, car c'est le même qui en 1674 avait préparé un épithalame pour le mariage projeté entre Schumacker, alors comte de Griffenfeld, et la princesse Louise-Charlotte de Holstein-Augustenbourg, mariage qui n'eut pas lieu. — Je crains, ajouta le gouverneur entre ses dents, que Faust-Prudens soit le poëte des mariages rompus. — Ajournez la demande et poursuivez. On s'informera, à l'occasion dudit poëte, s'il n'y aurait pas un lit vacant à l'hôpital de Drontheim.

— « 4° Les mineurs de Guldbranshal, des îles Fa-roër, « du Sund-Moër, de Hubfallo, de Rœraas et de Kongsberg, « demandent à être affranchis des charges de la tutelle « royale. »

— Ces mineurs sont remuants. On dit même qu'ils commencent déjà à murmurer du long silence gardé sur leur requête. Qu'elle soit réservée pour un mûr examen.

— « 5° Braal, pêcheur, déclare, en vertu de l'odels-

« recht (1), qu'il persévère dans l'intention de racheter « son patrimoine.

« 6° Les syndics de Nœs, Lœvig, Indal, Skongen, Stod, « Sparbo et autres bourgs et villages du Drontheimhus sep. « tentrional, demandent que la tête du brigand, assassin « et incendiaire Han, natif, dit-on, de Klipstadur en Is- « lande, soit mise à prix. — S'oppose à la requête Nychol « Orugix, bourreau du Drontheimhus, qui prétend que Han « est sa propriété. Appuie la requête Benignus Spiagudry, « gardien du Spladgest, auquel doit revenir le cadavre. »

— Ce bandit est bien dangereux, dit le général, surtout lorsqu'on craint des troubles parmi les mineurs. Qu'on fasse proclamer sa tête au prix de mille écus royaux.

— « 7° Benignus Spiagudry, médecin, antiquaire, sculp- « teur, minéralogiste, naturaliste, botaniste, légiste, chi- « miste, mécanicien, physicien, astronome, théologien, « grammairien... »

— Eh ! mais, interrompit le général, est-ce que ce n'est pas le même Spiagudry que le gardien du Spladgest?

— Si vraiment, Votre Excellence, répondit le secrétaire, — « ... concierge, pour Sa Majesté, de l'établissement dit « *Spladgest*, dans la royale ville de Drontheim, expose « que c'est lui, Benignus Spiagudry, qui a découvert que « les étoiles appelées fixes n'étaient pas éclairées par l'as- « tre appelé soleil; *item*, que le vrai nom d'Odin est « *Frigge*, fils de *Fridulphe; item*, que le *lombric marin* « se nourrit de sable; *item*, que le bruit de la population « éloigne les poissons des côtes de Norwége, en sorte que « les moyens de subsistance diminuent en proportion de

(1) *Odelsrecht*, loi singulière qui établissait parmi les paysans norwégiens des sortes de *majorats*. Tout homme qui était contraint de se défaire de son patrimoine pouvait empêcher l'acquéreur de l'aliéner, en déclarant tous les dix ans à l'autorité qu'il était dans l'intention de le racheter.

« l'accroissement du peuple; *item*, que le golfe nommé « Otte-Sund s'appelait autrefois *Limfiord*, et n'a pris le « nom d'*Otte Sund* qu'après qu'Othon le Roux y eut jeté « sa lance; *item*, expose que c'est par ses conseils et sous « sa direction qu'on a fait d'une vieille statue de Freya la « statue de la Justice qui orne la grande place de Drontheim, et qu'on a converti en diable représentant le « crime le lion qui se trouvait sous les pieds de l'idole; « *item*... »

— Ah! faites-nous grâce de ses éminents services. Voyons, que demande-t-il?

Le secrétaire tourna plusieurs feuillets, et poursuivit: « ... Le très-humble exposant croit pouvoir, en récompense de tant de travaux utiles aux sciences et aux belles-lettres, supplier Son Excellence d'augmenter la taxe « de chaque cadavre mâle et femelle de dix ascalins, ce « qui ne peut qu'être agréable aux morts, en leur prouvant le cas qu'on fait de leurs personnes... »

Ici la porte du cabinet s'ouvrit, et l'huissier annonça à haute voix *la noble dame comtesse d'Ahlefeld.*

En même temps, une grande dame, portant sur sa tête une petite couronne de comtesse, richement vêtue d'une robe de satin écarlate, bordée d'hermine et de franges d'or, entra, et, acceptant la main que le général lui offrait, vint s'asseoir près de son fauteuil.

La comtesse pouvait avoir cinquante ans. L'âge n'avait, en quelque sorte, rien eu à ajouter aux rides dont les soucis de l'orgueil et de l'ambition avaient depuis si longtemps creusé son visage. Elle attacha sur le vieux gouverneur son regard hautain et son sourire faux.

— Eh bien! seigneur général, votre élève se fait attendre. Il devait être ici avant le coucher du soleil.

— Il y serait, dame comtesse, s'il n'était, en arrivant, allé à Munckholm.

— Comment, à Munckholm! j'espère que ce n'est pas Schumacker qu'il cherche?...

— Mais cela se pourrait.

— La première visite du baron de Thorvick aura été pour Schumacker!

— Pourquoi non, comtesse? Schumacker est malheureux.

— Comment, général, le fils du vice-roi est lié avec ce prisonnier d'Etat!

— Frédéric Guldenlew, en me chargeant de son fils, me pria, noble dame, de l'élever comme j'eusse élevé le mien. J'ai pensé que la connaissance de Schumacker serait utile à Ordener, qui est destiné à être aussi puissant un jour. J'ai en conséquence, avec l'autorisation du vice-roi, demandé à mon frère Grummond de Knud un droit d'entrée pour toutes les prisons, que j'ai donné à Ordener. — Il en use.

— Et depuis quand, noble général, le baron Ordener a-t-il fait cette utile connaissance?

— Depuis un peu plus d'un an, dame comtesse; il paraît que la société de Schumacker lui plut, car elle le fixa assez longtemps à Drontheim; et ce n'est qu'à regret et sur mon invitation expresse qu'il en partit l'année dernière pour visiter la Norwége.

— Et Schumacker sait-il que son consolateur est le fils d'un de ses plus grands ennemis?

— Il sait que c'est un ami, et cela lui suffit, comme à nous.

— Mais, vous, seigneur général, dit la comtesse avec un coup d'œil pénétrant, saviez-vous, en tolérant, et même en formant cette liaison, que Schumacker avait une fille?

— Je le savais, noble comtesse.

— Et cette circonstance vous a semblé indifférente pour votre élève?

— L'élève de Levin de Knud, le fils de Frédéric Guldenlew, est un homme loyal. Ordener connaît la barrière qui le sépare de la fille de Schumacker; il est incapable de séduire, sans but légitime, une fille, et surtout la fille d'un homme malheureux.

La noble comtesse d'Ahlefeld rougit et pâlit; elle tourna la tête, cherchant à éviter le regard calme du vieillard comme celui d'un accusateur.

— Enfin, balbutia-t-elle, cette liaison, général, me semble, souffrez que je le dise, singulière et imprudente. On dit que les mineurs et les peuplades du Nord menacent de se révolter, et que le nom de Schumacker est compromis dans cette affaire.

— Noble dame, vous m'étonnez! s'écria le gouverneur, Schumacker a jusqu'ici supporté tranquillement son malheur. Ce bruit est sans doute peu fondé.

La porte s'ouvrit en ce moment, et l'huissier annonça qu'un messager de Sa Grâce le grand chancelier demandait à parler à la noble comtesse.

La comtesse se leva précipitamment, salua le gouverneur, et, tandis qu'il continuait l'examen des placets, se rendit en toute hâte à ses appartements, situés dans une aile du palais, en ordonnant qu'on y envoyât le messager.

Elle était depuis quelques moments assise sur un riche sofa, au milieu de ses femmes, quand ce dernier entra. La comtesse, en l'apercevant, fit un mouvement de répugnance qu'elle cacha soudain sous un sourire bienveillant. L'extérieur du messager ne semblait pourtant pas repoussant au premier abord : c'était un homme plutôt petit que grand, et dont l'embonpoint annonçait tout autre chose qu'un messager. Cependant, en l'examinant, son visage paraissait ouvert jusqu'à l'impudence, et la gaieté de son regard avait quelque chose de diabolique et de sinistre. Il s'inclina profondément devant la comtesse, et lui présenta un paquet scellé avec des fils de soie.

— Noble dame, dit-il, daignez me permettre d'oser déposer à vos pieds un précieux message de Sa Grâce votre illustre époux, mon vénéré maître.

— Est-ce qu'il ne vient pas lui-même? et comment vous prend-il pour messager? demanda la comtesse.

— Des soins importants diffèrent l'arrivée de Sa Grâce, cette lettre est pour vous en informer, madame la comtesse : pour moi, je dois, d'après l'ordre de mon noble maître, jouir de l'insigne honneur d'un entretien particulier avec vous.

La comtesse pâlit; elle s'écria d'une voix tremblante :

— Moi! un entretien secret avec vous, Musdœmon?

— Si cela affligeait en rien la noble dame, son indigne serviteur serait au désespoir.

— M'affliger! non sans doute, reprit la comtesse s'efforçant de sourire; mais cet entretien est-il si nécessaire? Le messager s'inclina jusqu'à terre.

— Absolument nécessaire! la lettre que l'illustre comtesse a daigné recevoir de mes mains doit en contenir l'injonction formelle.

C'était une chose singulière que de voir la fière comtesse d'Ahlefeld trembler et pâlir devant un serviteur qui lui rendait de si profonds respects. Elle ouvrit lentement le paquet et en lut le contenu. Après l'avoir relu : — Allons, dit-elle à ses femmes d'une voix faible, qu'on nous laisse seuls.

— Daigne la noble dame, dit le messager fléchissant le genou, me pardonner la liberté que j'ose prendre et la peine que je parais lui causer.

— Croyez au contraire, repartit la comtesse avec un sourire forcé, que j'ai beaucoup de plaisir à vous voir.

Les femmes se retirèrent.

— Elphége, tu as donc oublié qu'il fut un temps où nos tête-à-tête ne te répugnaient pas?

C'était le messager qui parlait à la noble comtesse, et ces paroles étaient accompagnées d'un rire pareil à celui du diable lorsqu'au moment où le pacte expire il saisit l'âme qui s'est donnée à lui.

La puissante dame baissa sa tête humiliée.

— Que ne l'ai-je en effet oublié! murmura-t-elle.

— Pauvre folle! comment peux-tu rougir de choses que nul œil humain n'a vues?

— Ce que les hommes ne voient pas, Dieu le voit.

— Dieu, faible femme! tu n'es pas digne d'avoir trompé ton mari, car il est moins crédule que toi.

— Vous insultez peu généreusement à mes remords, Musdœmon.

— Eh bien! si tu en as, Elphége, pourquoi leur insultes-tu toi-même chaque jour par des crimes nouveaux?

La comtesse d'Ahlefeld cacha sa tête dans ses mains; le messager poursuivit.

— Elphége, il faut choisir: ou le remords et plus de crimes, ou le crime et plus de remords. Fais comme moi, choisis le second parti, c'est le meilleur, le plus gai du moins.

— Puissiez-vous, dit la comtesse à voix basse, ne pas retrouver ces paroles dans l'éternité!

— Allons, ma chère, quittons la plaisanterie.

Alors Musdœmon s'asseyant près de la comtesse et passant ses bras autour de son cou:

— Elphége, dit-il, tâche de rester, par l'esprit du moins, ce que tu étais il y a vingt ans.

L'infortunée comtesse, esclave de son complice, tâcha de répondre à sa repoussante caresse. Il y avait dans cet embrassement adultère de deux êtres qui se méprisaient et s'exécraient mutuellement quelque chose de trop révoltant, même pour ces âmes dégradées. Les caresses illégitimes qui avaient fait leur joie, et que je ne sais quelle horrible convenance les forçait de se prodiguer encore, faisaient maintenant leur torture. Etrange et juste changement des affections coupables! leur crime était devenu leur supplice.

La comtesse, pour abréger ce tourment adultère, demanda enfin à son odieux amant, en s'arrachant de ses bras, de quel message verbal son époux l'avait chargé.

— D'Ahlefeld, dit Musdœmon, au moment de voir son pouvoir s'affermir par le mariage d'Ordener Guldenlew avec notre fille...

— Notre fille! s'écria la hautaine comtesse: et son regard fixé sur Musdœmon reprit une expression d'orgueil et de dédain.

— Eh bien! dit froidement le messager, je crois qu'Ulrique peut m'appartenir au moins autant qu'à lui. Je disais donc que ce mariage ne satisfaisait pas entièrement ton mari, si Schumacker n'était en même temps tout à fait renversé. Du fond de sa prison, ce vieux favori est encore presque aussi redoutable que dans son palais. Il a à la cour des amis obscurs, mais puissants, peut-être parce qu'ils sont obscurs; et le roi, apprenant il y a un mois que les négociations du grand chancelier avec le duc de Holstein-Plœn ne marchaient pas, s'est écrié avec impatience: *Griffenfeld à lui seul en savait plus qu'eux tous.* Un intrigant, nommé Dispolsen, venu de Munckholm à Copenhague, a obtenu de lui plusieurs audiences secrètes, après lesquelles le roi a fait demander à la chancellerie, où ils sont déposés, les titres de noblesse et de propriété de Schumacker. On ignore à quoi Schumacker aspire; mais, ne désirerait-il que la liberté, pour un prisonnier d'Etat, c'est désirer le pouvoir. — Il faut donc qu'il meure, et qu'il meure judiciairement; c'est à lui forger un crime que nous travaillons.

Ton mari, Elphége, sous prétexte d'inspecter *incognito* les provinces du Nord, va s'assurer par lui-même du résultat qu'ont eu nos menées parmi nos mineurs, dont nous voulons provoquer, au nom de Schumacker, une insurrection qu'il sera facile ensuite d'étouffer. Ce qui nous inquiète, c'est la perte de plusieurs papiers importants relatifs à ce plan, et que nous avons tout lieu de croire au pouvoir de Dispolsen. Sachant donc qu'il était reparti de Copenhague pour Munckholm, rapportant à Schumacker ses parchemins, ses diplômes, et peut-être ces documents qui peuvent nous perdre ou au moins nous compromettre, nous avons aposté dans les gorges de Kole quelques fidèles, chargés de se défaire de lui, après l'avoir dépouillé de ses papiers. Mais si, comme on l'assure, Dispolsen est venu de Berghen par mer, nos peines seront perdues de ce côté-là. — Pourtant j'ai recueilli en arrivant je ne sais quels bruits d'un assassinat d'un capitaine nommé Dispolsen. — Nous verrons. — Nous sommes en attendant à la recherche d'un brigand fameux, Han, dit d'Islande, que nous voudrions mettre à la tête de la révolte des mines. Et toi, ma chère, quelles nouvelles d'ici me donneras-tu? Le joli oiseau de Munckholm a-t-il été pris dans sa cage? La fille du vieux ministre a-t-elle été enfin la proie de notre *falco fulvus*, de notre fils Frédéric?...

La comtesse, retrouvant sa fierté, se récria encore : — Notre fils!...

— Ma foi, quel âge peut-il avoir? Vingt-quatre ans. Il y en a vingt-six que nous nous connaissons, Elphége.

— Dieu le sait, s'écria la comtesse, mon Frédéric est l'héritier légitime du grand chancelier.

— Si Dieu le sait, répondit le messager en riant, le diable peut l'ignorer. Au reste, ton Frédéric n'est qu'un étourneau indigne de moi, et ce n'est pas la peine de nous quereller pour si peu de chose. Il n'est bon qu'à séduire une fille. Y est-il parvenu au moins?

— Pas encore, que je sache.

— Mais, Elphége, tâche donc de jouer un rôle moins passif dans nos affaires. Celui du comte et le mien sont, tu le vois, assez actifs. Je retourne dès demain vers ton mari Pour toi, ne te borne pas, de grâce, à prier pour nos péchés, comme la Madone que les Italiens invoquent en assassinant. — Il faut aussi que d'Ahlefeld songe à me récompenser un peu plus magnifiquement qu'il ne l'a fait jusqu'ici. Ma fortune est liée à la vôtre; mais je me lasse d'être le serviteur de l'époux quand je suis l'amant de la femme, et de n'être que le gouverneur, le précepteur, le pédadogue, quand je suis presque le père...

En ce moment minuit sonna, et une des femmes entra, rappelant à la comtesse que, d'après la règle du palais, toutes les lumières devaient être éteintes à cette heure. La comtesse, heureuse de terminer un entretien pénible, rappela ses suivantes.

— Me permette la gracieuse comtesse, dit Musdœmon en se retirant, de conserver l'espérance de la revoir demain, et de déposer à ses pieds l'hommage de mon profond respect.

VIII

Il faut absolument que tu l'aies massacré; tu as le regard d'un meurtrier, un air sinistre et farouche.

SHAKSPEARE, *le Songe d'été.*

— En honneur, vieillard, dit Ordener à Spiagudry, je commençais à croire que c'étaient les cadavres logés dans cet édifice qui étaient chargés d'en ouvrir la porte.

— Pardonnez, seigneur, répondit le concierge ayant encore dans l'oreille les noms du roi et du vice-roi et répétant son excuse banale, je... je dormais profondément.

— En ce cas, il paraît que vos morts ne dorment pas, car c'était eux sans doute que j'entendais tout à l'heure causer distinctement.

Spiagudry se troubla.

— Vous avez, seigneur étranger, vous avez entendu?...

— Eh! mon Dieu, oui; mais qu'importe? je ne suis pas venu ici pour m'occuper de vos affaires, mais pour vous occuper des miennes. Entrons.

Spiagudry ne se souciait guère d'introduire le nouveau venu près du corps de Gill; mais ces dernières paroles le rassurèrent un peu, et d'ailleurs pouvait-il résister?

Il laissa donc passer le jeune homme, et refermant la porte :

— Benignus Spiagudry, dit-il, est à votre service pour tout ce qui concerne les sciences humaines. Cependant, si, comme votre visite nocturne semble l'annoncer, vous croyez parler à un sorcier, vous avez tort, *ne famam credas;* je ne suis qu'un savant. — Entrons, seigneur étranger, dans mon laboratoire.

— Non pas, dit Ordener, c'est à ces cadavres qu'il faut nous arrêter.

— A ces cadavres! s'écria Spiagudry, recommençant à trembler. Mais, seigneur, vous ne pouvez les voir.

— Comment, je ne puis voir des corps qui ne sont déposés là que pour être vus! Je vous répète que j'ai des renseignements à vous demander sur l'un d'eux; votre devoir est de me les donner. Obéissez de gré, vieillard, ou vous obéirez de force.

Spiagudry avait un profond respect pour les sabres, et il en voyait briller un au côté d'Ordener. — *Nihil non arrogat armis*, murmura-t-il; et, fouillant dans le trousseau de ses clefs, il ouvrit la grille à hauteur d'appui, et introduisit l'étranger dans la seconde section de la salle.

— Montrez-moi les vêtements du capitaine, dit celui-ci.

En ce moment, un rayon de la lampe tomba sur la tête sanglante de Gill Stadt.

— Juste Dieu! s'écria Ordener, quelle abominable profanation!

— Grand saint Hospice, ayez pitié de moi! dit à voix basse le vieux concierge.

— Vieillard, poursuivit Ordener d'une voix menaçante, êtes-vous si loin de la tombe, pour violer le respect qu'on lui voue, et ne craignez-vous pas, malheureux, que les vivants ne vous apprennent ce que l'on doit aux morts?

— Oh! s'écria le pauvre concierge, grâce, ce n'est pas moi... si vous saviez!... et il s'arrêta, car il se rappela ces mots du petit homme : *Sois fidèle et muet.* — Avez-vous vu quelqu'un sortir par cette ouverture? demanda-t-il d'une voix éteinte.

— Oui. Est-ce ton complice?

— Non, c'est le coupable, le seul coupable! j'en jure

par toutes les réprobations infernales, par toutes les bénédictions célestes, par ce corps même si indignement profané!... Et il s'était prosterné sur la pierre devant Ordener. Tout hideux qu'était Spiagudry, il y avait cependant dans son désespoir, dans ses protestations, un accent de vérité qui persuada le jeune homme.

— Vieillard, dit-il, relève-toi, et, si tu n'as point outragé la mort, du moins n'avilis point la vieillesse.

Le concierge se releva. Ordener continua :

— Quel est le coupable?

— Oh! silence, noble jeune seigneur, vous ignorez de qui vous parlez. Silence! et Spiagudry se répétait intérieurement : *Sois fidèle et muet*.

Ordener reprit froidement :

— Quel est le coupable? Je veux le connaître.

— Au nom, du ciel, seigneur! ne parlez pas ainsi, taisez-vous, de peur...

— La peur ne me fera point taire et te fera parler.

— Excusez-moi, pardon, mon jeune maître! dit le désolé Spiagudry, je ne puis...

— Tu le peux, car je le veux. Tu nommeras le profanateur!

Spiagudry chercha encore à tergiverser.

— Eh bien! notre maître, le profanateur de ce cadavre est l'assassin de cet officier.

— Cet officier est donc mort assassiné? demanda Ordener, ramené par cette transition au but de sa recherche.

— Oui, sans doute, seigneur.

— Et par qui? par qui?

— Au nom de la sainte que votre mère invoquait en vous donnant le jour, ne cherchez pas à savoir ce nom, mon jeune maître, ne me forcez pas à le révéler.

— Si l'intérêt que j'ai à le savoir avait besoin d'être

accru, vous y ajouteriez, vieillard, l'intérêt de la curiosité. Je vous commande de me nommer ce meurtrier.

— Eh bien! dit Spiagudry, remarquez ces profondes déchirures produites par les ongles longs et tranchants sur le corps de ce malheureux... Elles vous nomment l'assassin.

Et le vieillard montrait à Ordener de longues et fortes égratignures sur le cadavre nu et lavé.

— Comment? dit Ordener, est-ce quelque bête fauve?

— Non, mon jeune seigneur.

— Mais, à moins que ce ne soit le diable...

— Chut! prenez garde de trop bien deviner. N'avez-vous jamais entendu parler, poursuivit le concierge à voix basse, d'un homme ou d'un monstre à face humaine, dont les ongles sont aussi longs que ceux d'Astaroth qui nous a perdus, ou de l'Antechrist qui nous perdra?...

— Parlez plus clairement.

— Malheur! dit l'Apocalypse.....

— C'est le nom de l'assassin que je vous demande.

— L'assassin... le nom... seigneur, ayez pitié de moi, ayez pitié de vous!

— La seconde de ces prières détruirait la première, quand bien même des motifs graves ne me forceraient pas à t'arracher ce nom. N'abuse pas plus longtemps...

— Eh bien! vous le voulez, jeune homme, dit Spiagudry se redressant et d'une voix haute, ce meurtrier, ce profanateur, est Han d'Islande.

Ce nom redoutable n'était pas ignoré d'Ordener.—Comment! reprit-il, Han! cet excécrable bandit!

— Ne l'appelez pas bandit, car il vit toujours seul.

—Alors, misérable, comment le connaissez-vous? Quels crimes communs vous ont donc rapprochés?

— Oh! noble maitre, daignez ne pas croire aux apparences. Le tronc de chêne est-il vénéneux parce que le serpent s'y abrite?

— Point de vaines paroles, un scélérat ne peut avoir d'ami qu'un complice.

— Je ne suis point son ami, et moins encore son complice; et, si mes serments ne vous ont pas persuadé, seigneur, veuillez de grâce remarquer que cette profanation détestable m'expose, dans vingt-quatre heures, quand on viendra relever le corps de Gill Stadt, au supplice des sacriléges, et me jette ainsi dans la plus effroyable inquiétude où innocent se soit jamais trouvé.

Ces considérations d'intérêt personnel firent encore plus sur Ordener que la voix suppliante du pauvre gardien, auquel elles avaient probablement inspiré en bonne partie sa pathétique, quoique inutile résistance au sacrilége du petit homme. Ordener parut méditer un moment, pendant lequel Spiagudry cherchait à lire sur son visage si ce repos déciderait la paix ou ramènerait la tempête.

Enfin il dit d'un ton sévère, mais calme : — Vieillard, soyez véridique. Avez-vous trouvé des papiers sur cet officier ?

— Aucun, sur mon honneur.

— Savez-vous si Han d'Islande en a trouvé?

— Je vous jure par saint Hospice que je l'ignore.

— Vous l'ignorez? savez-vous où se cache ce Han d'Islande?

— Il ne se cache jamais, il erre toujours.

— Soit; mais enfin quelles sont ses retraites?

— Ce païen, répondit le vieillard à voix basse, a autant de retraites que l'île de Hitteren de récifs, que l'étoile de Sirius a de rayons.

— Je vous engage de nouveau, interrompit Ordener, à parler en termes positifs. Je vais vous donner l'exemple; écoutez. Vous êtes mystérieusement lié avec un brigand dont vous soutenez ne pas être le complice. Si vous le connaissez, vous devez savoir où il s'est maintenant retiré. —

Ne m'interrompez pas. — Si vous n'êtes pas son complice, vous n'hésiterez pas à me conduire à sa recherche...

Spiagudry ne put contenir son effroi.

— Vous, noble seigneur, vous, grand Dieu! plein de jeunesse et de vie, provoquer, rechercher ce démoniaque! Quand Ingiald aux quatre bras combattit le géant Nyctolm, du moins avait-il quatre bras...

— Eh bien! dit Ordener en souriant, s'il faut quatre bras, ne serez-vous pas mon guide?...

— Moi! votre guide? Comment pouvez-vous vous railler ainsi d'un pauvre vieillard qui a déjà presque besoin d'un guide lui-même?

— Ecoutez, reprit Ordener, n'essayez pas vous-même de vous jouer de moi. Si cette profanation, dont je veux bien vous croire innocent, vous expose au châtiment des sacriléges, vous ne pouvez rester ici. Il vous faut donc fuir. Je vous offre ma sauvegarde, mais à condition que vous me conduirez à la retraite du brigand. Soyez mon guide, je serai votre protecteur : je dis plus; si j'atteins Han d'Islande, je l'amènerai ici mort ou vif. Vous pourrez prouver votre innocence, et je vous promets de vous faire rentrer dans votre emploi. — Voilà, en attendant, plus d'écus royaux qu'il ne vous en rapporte par an.

Ordener, en gardant la bourse pour la fin, avait observé dans ses arguments la gradation voulue par les saines lois de la logique. Cependant ils étaient par eux-mêmes assez forts pour faire rêver Spiagudry. Il commença par prendre l'argent.

— Noble maître, vous avez raison, dit-il ensuite, et son œil, jusqu'alors indécis, se releva sur Ordener. Si je vous suis, je m'expose quelque jour à la vengeance du formidable Han. Si je reste, je tombe demain entre les mains du bourreau Orugix... Quel est donc déjà le supplice des sacriléges ?... N'importe. — Dans les deux cas, ma pauvre vie est en péril; mais comme, d'après la juste observation de Sæmond-Sigfusson, autrement dit *le sage*, *inter duo pericula æqualia, minus imminens eligendum est*, je vous suis. — Oui, seigneur, je serai votre guide. Veuillez ne pas oublier toutefois que j'ai fait tout ce que j'ai pu pour vous détourner de votre aventureux dessein.

— Soit, dit Ordener. Vous serez donc mon guide. Vieillard, ajouta-t-il avec un regard expressif, je compte sur votre loyauté.

— Ah! maître, répondit le concierge, la foi de Spiagudry est aussi pure que l'or que vous venez de me donner si gracieusement.

— Qu'il n'en soit pas autrement, car je vous prouverais que le fer que je porte n'est pas de moins bon aloi que mon or. — Où pensez-vous que soit Han d'Islande?

— Mais, comme le midi du Drontheimhus est plein de troupes qu'on y a envoyées sur je ne sais quelle réquisition du grand chancelier, Han doit s'être dirigé vers la grotte de Walderhog ou le lac de Smiasen. Notre route est par Skongen.

— Quand pouvez-vous me suivre?

— Après la journée qui commence, quand la nuit sera close et le Spladgest fermé, votre pauvre serviteur commencera près de vous les fonctions de guide, pour lesquelles il privera les morts de ses soins. Nous chercherons un moyen de cacher pendant tout le jour, aux yeux du peuple, la mutilation du mineur.

— Où vous trouverai-je ce soir?

— Sur la grande place de Drontheim, s'il convient au maître, près de la statue de la Justice, qui fut jadis Freya, et me protégera sans doute de son ombre en reconnaissance du beau diable que j'ai fait sculpter sous ses pieds.

Spiagudry allait peut-être répéter verbalement à Ordener

les considérants de son placet au gouverneur, si celui-ci ne l'eût interrompu.

— Il suffit, vieillard, le traité est conclu.

— Conclu, répéta le concierge.

Il achevait ce mot, lorsqu'une espèce de grondement se fit entendre comme au-dessus d'eux. — Le concierge tressaillit : Qu'est cela? dit-il.

— N'y a-t-il ici, dit Ordener également surpris, d'autre habitant vivant que vous?

— Vous me rappelez mon vicaire Oglypiglap, reprit Spiagudry rassuré par cette idée; c'est lui sans doute qui dort bruyamment. Un Lapon qui dort, selon l'évêque Arngrim, fait autant de bruit qu'une femme qui veille.

En parlant ainsi, ils s'étaient approchés de la porte du Spladgest. Spiagudry l'ouvrit doucement.

— Adieu, mon jeune seigneur, dit-il à Ordener, le ciel vous mette en joie! A ce soir · si votre chemin vous conduit devant la croix de saint Hospice, daignez prier pour votre misérable serviteur Benignus Spiagudry.

Alors refermant en hâte la porte, autant de crainte d'être aperçu que pour garantir sa lampe des premières brises du matin, il revint près du cadavre de Gill, et s'occupa d'en tourner la tête de manière à en cacher la blessure.

Il avait fallu bien des raisons pour décider le timide concierge à accepter l'offre aventureuse de l'étranger. Dans les motifs de sa téméraire détermination entraient : 1° la crainte d'Ordener présent; 2° celle du bourreau Orugix; 3° une vieille haine pour Han d'Islande : haine qu'il osait à peine s'avouer à lui-même, tant la terreur la comprimait; 4° l'amour pour les sciences, auxquelles son voyage serait si utile; 5° la confiance en son esprit rusé, pour se dérober aux regards de Han; 6° un attrait tout spéculatif pour certain métal que renfermait la bourse du jeune aventurier, et dont paraissait aussi remplie la boîte de fer volée au capitaine, et destinée à la veuve Stadt, message qui maintenant courait grand risque de ne jamais quitter le messager.

Une dernière raison enfin, c'était l'espérance bien ou mal fondée de rentrer tôt ou tard dans la place qu'il allait abandonner. Que lui importait d'ailleurs que le brigand tuât le voyageur ou le voyageur le brigand? A ce point de sa rêverie, il ne put s'empêcher de se dire à haute voix : « Cela me fera toujours un cadavre. »

Un nouveau grondement se fit encore entendre, et le malheureux concierge frissonna. — Ce ne sont vraiment point là les ronflements d'Oglypiglap, se dit-il ; ce bruit vient du dehors. — Puis, après un moment de réflexion : — Je suis bien simple de m'effrayer ainsi, c'est sans doute le dogue du port qui se réveille et qui aboie.

Alors il acheva de disposer les membres défigurés de Gill; puis, refermant toutes les portes, vint se délasser sur son grabat des fatigues de la nuit qui s'achevait, et prendre des forces pour celle qui se préparait.

IX

JULIETTE.

Ah! crois-tu que nous nous revoyions jamais?

ROMÉO.

Je n'en doute point; et toutes ces peines deviendront le doux entretien de nos jours à venir.

SHAKSPEARE.

Le fanal du château de Munckholm venait de s'éteindre, et, à sa place, le matelot entrant dans le golfe de Dron theim voyait le casque du soldat de garde briller de loin, comme une étoile mobile, aux rayons du soleil levant, quand Schumacker, appuyé sur le bras de sa fille, descendit comme de coutume dans le jardin circulaire qui environnait sa prison. Tous deux avaient eu une nuit agitée, le vieillard par l'insomnie, la jeune fille par des rêves délicieux. Ils se promenaient depuis quelque temps en silence quand le vieux prisonnier attacha sur la belle jeune fille un regard triste et grave :

— Vous rougissez et souriez toute seule, Ethel; vous êtes heureuse, car vous ne rougissez pas du passé, et vous souriez à l'avenir.

Ethel rougit plus fort, et cessa de sourire.

— Mon seigneur et père, dit-elle embarrassée et confuse, j'ai apporté le livre de l'Edda.

— Eh bien! lisez, ma fille, dit Schumacker, et il retomba dans sa rêverie.

Alors le sombre captif, assis sur un rocher noirâtre ombragé d'un sapin noir, écouta la douce voix de sa fille, sans entendre sa lecture, comme un voyageur altéré se plaît au murmure de la source où il puise la vie.

Ethel lui lut l'histoire de la bergère Allanga, qui refusa un roi jusqu'à ce qu'il eût prouvé qu'il était un guerrier. Le prince Regner Lodbrog n'obtint la bergère qu'en revenant vainqueur du brigand de Klipstadur, Ingolphe l'Exterminateur.

Soudain un bruit de pas et de feuillage froissé vint interrompre sa lecture et arracher Schumacker à sa méditation. Le lieutenant d'Ahlefeld sortit de derrière le rocher où ils étaient assis. Ethel baissa la tête en reconnaissant l'interrupteur éternel, et l'officier s'écria :

— Sur ma foi, ma belle damoiselle, le nom d'Ingolphe l'Exterminateur vient d'être prononcé par votre charmante bouche. Je l'ai entendu, et je présume que c'est en parlant de son petit-fils, Han d'Islande, que vous êtes remontée jusqu'à lui. Les damoiselles aiment beaucoup à parler des brigands. Sous ce rapport, on conte d'Ingolphe et de sa descendance des choses singulièrement agréables et effrayantes à entendre. L'exterminateur Ingolphe n'eut qu'un fils, né de la sorcière Thoarka; ce fils n'eut également qu'un fils, né de même d'une sorcière. Depuis quatre siècles, cette race s'est ainsi perpétuée pour la désolation de l'Islande, toujours par un seul rejeton, qui ne produit jamais qu'un rameau. C'est par cette série d'héritiers uniques que l'esprit infernal d'Ingolphe est arrivé de nos jours sain et entier au fameux Han d'Islande, qui avait sans doute tout à l'heure le bonheur d'occuper les virginales pensées de la damoiselle.

L'officier s'arrêta un moment; Ethel gardait le silence de l'embarras; Schumacker celui de l'ennui. Enchanté de les trouver disposés, sinon à répondre, du moins à écouter, il continua :

— Le brigand de Klipstadur n'a d'autre passion que la haine des hommes, d'autre soin que celui de leur nuire...

— Il est sage, interrompit brusquement le vieillard.

— Il vit toujours seul, reprit le lieutenant.

— Il est heureux, dit Schumacker.

Le lieutenant fut ravi de cette double interruption, qui semblait sceller un pacte de conversation.

— Nous préserve le dieu Mithra, s'écria-t-il, de ces sages et de ces heureux! Maudit soit le zéphyr malintentionné qui a apporté en Norwége le dernier des démons d'Islande! J'ai tort de dire malintentionné, car c'est, assure-t-on, à un évêque que nous devons le bonheur de posséder Han de Klipstadur. Si l'on en croit la tradition, quelques paysans islandais, ayant pris sur les montagnes de Bessested le petit Han encore enfant, voulurent le tuer, comme Astyage tua le lionceau de Bactriane; mais l'évêque de Scalholt s'y opposa et prit l'oursin sous sa protection, espérant faire un chrétien du diable. Le bon évêque employa mille moyens pour développer cette intelligence infernale, oubliant que la ciguë ne s'était point changée en lis dans les serres chaudes de Babylone. Aussi le démoniaque adolescent le paya-t-il de ses soins en s'enfuyant une belle nuit sur un tronc d'arbre, à travers les mers, et en éclairant sa fuite de l'incendie du manoir épiscopal. Voilà, selon les vieilles fileuses du pays, comment s'est transporté en Norwége cet Islandais, qui, grâce à son éducation, offre aujourd'hui toute la perfection du monstre. Depuis ce temps, les mines de Faroër comblées et trois cents ouvriers écrasés sous les décombres; le rocher pendant de Golyn précipité pendant la nuit sur le village qu'il dominait; le pont de Half-Broën croulant du haut des roches sous le passage des voyageurs; la cathédrale de Drontheim incendiée; les fanaux côtiers éteints durant les nuits orageuses, et une foule de crimes et de meurtres ensevelis dans les lacs de Sparbo ou de Smiasen, ou cachés sous les grottes de Walderhog et de Rylass, et dans les gorges du Dofre-Field, ont attesté la présence de cet Arimane incarné dans le Drontheimhus. Les vieilles prétendent qu'il lui pousse un poil de la barbe à chaque crime : en ce cas, sa barbe doit être aussi touffue que celle du plus vénérable mage assyrien. La belle damoiselle saura cependant que le gouverneur a plus d'une fois essayé d'arrêter la crue extraordinaire de cette barbe...

Schumacker rompit encore le silence.

— Et tous les efforts pour s'emparer de cet homme, dit-il avec un regard de triomphe et un sourire ironique, ont été vains? J'en félicite la grande chancellerie.

L'officier ne comprit pas le sarcasme de l'ex-grand chancelier.

— Han a jusqu'ici été aussi imprenable qu'Horatius surnommé Coclès. Vieux soldats, jeunes miliciens, campagnards, montagnards, tout meurt ou fuit devant lui. C'est un démon qu'on ne saurait éviter ni atteindre : ce qui peut arriver de plus heureux à ceux qui le cherchent, c'est de ne pas le trouver.

La gracieuse damoiselle est peut-être surprise, continua-t-il en s'asseyant familièrement près d'Ethel, qui se rapprocha de son père, de tout ce que je sais de curieux touchant cet être surnaturel. Ce n'est pas sans intention que j'ai recueilli ces singulières traditions. Il me semble, et je serais heureux que ma charmante damoiselle partageât mon avis, que les aventures de Han pourraient fournir un roman délicieux, dans le genre des sublimes écrits de la damoiselle Scudéry, l'*Artamène* ou la *Clélie*, dont je n'ai encore lu que six volumes, mais qui n'en est pas moins un chef-d'œuvre à mes yeux. Il faudrait, par exemple, adoucir notre climat, orner nos traditions, modifier nos noms barbares. Ainsi, Drontheim, qui deviendrait *Durtinianum*, verrait ses forêts se changer, sous ma baguette magique, en des bosquets délicieux, arrosés de mille petits ruisseaux, bien autrement poétiques que nos vilains torrents. Nos cavernes noires et profondes feraient place à des grottes charmantes, tapissées de rocailles dorées et de coquillages d'azur. Dans l'une de ces grottes habiterait un célèbre enchanteur, Hannus de Thulé... — Car vous conviendrez que le nom de *Han d'Islande* ne flatte pas l'oreille. — Ce géant... — vous sentez qu'il serait absurde que le héros d'un tel ouvrage ne fût pas un géant, — ce géant descendrait en droite ligne du dieu Mars... — Ingolphe l'Exterminateur ne présente rien à l'imagination — et de la magicienne Théonne... — ne trouvez-vous pas le nom de *Thoarka* heureusement altéré? — fille de la sibylle de Cumes. Hannus, après avoir été élevé par le grand mage de Thulé, se serait enfin échappé du palais du pontife, sur un char attelé de deux dragons... — Il faudrait être un pauvre esprit pour conserver la mesquine tradition du tronc d'arbre.—Arrivé sous le ciel de Durtinianum, et séduit par ce pays charmant, il en aurait fait le lieu de sa résidence et le théâtre de ses crimes. Ce ne serait pas chose aisée que de faire une peinture agréable des brigandages de Han. On pourrait en adoucir l'horreur par quelque amour ingénieusement imaginé. La bergère Alcippe, en promenant un jour son agneau dans un bois de myrtes et d'oliviers, serait aperçue par le géant, qui céderait soudain au pouvoir de ses yeux. Mais Alcippe aimerait le beau Lycidas, officier des milices, en garnison dans son hameau. Le géant s'irriterait du bonheur du centurion, et le centurion des assiduités du géant. Vous concevez, aimable damoiselle, tout ce qu'une pareille imagination pourrait semer de charme dans les aventures de Hannus. Je parierais mes bottes de Cracovie contre une paire de patins qu'un tel sujet, traité par la demoiselle Scudéry, ferait raffoler toutes les dames de Copenhague.

Ce mot arracha Schumacker de la sombre rêverie où il était resté enseveli pendant la dépense inutile de bel esprit que venait de faire le lieutenant.

— Copenhague! dit-il brusquement; seigneur officier, que s'est-il passé de nouveau à Copenhague?

— Rien, sur ma foi, que je sache, répondit le lieutenant, sinon le consentement donné par le roi au mariage important qui occupe en ce moment les deux royaumes.

— Comment! reprit Schumacker, quel mariage?

L'apparition d'un quatrième interlocuteur arrêta la réponse sur les lèvres du lieutenant.

Tous trois levèrent les yeux. Le visage sombre du prisonnier s'éclaircit, la physionomie frivole du lieutenant prit une expression de gravité, et la douce figure d'Ethel, pâle et confuse pendant le long soliloque de l'officier, se ranima de vie et de joie. Elle soupira profondément, comme si son cœur eût été allégé d'un poids insupportable, et son sourire triste et furtif s'élança au-devant du nouveau venu. — C'était Ordener.

Le vieillard, la jeune fille et l'officier étaient devant Ordener dans une position singulière; ils avaient chacun un secret commun avec lui, aussi se gênaient-ils réciproquement. Le retour d'Ordener au donjon ne surprit ni Schumacker ni Ethel, qui l'attendaient; mais il étonna le lieutenant autant que la présence du lieutenant surprit Ordener; celui-ci aurait pu craindre quelque indiscrétion de l'officier sur la scène de la veille, si le silence prescrit par la loi courtoise ne l'eût rassuré. Il ne pouvait donc que s'étonner de le voir paisiblement assis près des deux prisonniers.

Ces quatre personnages ne pouvaient rien se dire réunis, précisément parce qu'ils auraient eu beaucoup à se dire isolément. Aussi, hormis les regards d'intelligence et d'embarras, l'accueil que reçut Ordener fut-il absolument muet.

Le lieutenant partit d'un éclat de rire.

— Par la queue du manteau royal, mon cher nouveau venu! voilà un silence qui ne ressemble pas mal à celui des sénateurs gaulois, quand le Romain Brennus... — Je ne sais, en honneur, déjà plus qui était Romain ou Gaulois, des sénateurs ou du général. N'importe! puisque vous voilà, aidez-moi à instruire cet honorable vieillard de ce qui se passe de nouveau. J'allais, sans votre subite entrée en scène, l'entretenir du mariage illustre qui occupe en ce moment Mèdes et Persans.

— Quel mariage? dirent en même temps Ordener et Schumacker.

— A la coupe de vos vêtements, seigneur étranger, s'écria le lieutenant en frappant des mains, j'avais déjà pressenti que vous veniez de quelque autre monde. Voici une question qui change en certitude mon soupçon. Vous êtes sans doute débarqué hier sur les bords de la Nidder, dans un char fée attelé de deux griffons ailés ; car vous n'auriez pu parcourir la Norwége sans entendre parler du fameux mariage du fils du vice-roi avec la fille du grand chancelier.

Schumacker se tourna vers le lieutenant.

— Quoi ! Ordener Guldenlew épouse Ulrique d'Ahlefeld?

— Comme vous dites, répondit l'officier, et cela sera conclu avant que la mode des vertugadins à la française soit passée à Copenhague.

— Le fils de Frédéric doit avoir environ vingt-deux ans; car j'étais depuis une année dans la forteresse de Copenhague quand le bruit de sa naissance parvint jusqu'à moi. Qu'il se marie jeune, continua Schumacker avec un sourire amer : au moment de la disgrâce, on ne lui reprochera pas du moins d'avoir ambitionné le chapeau de cardinal.

Le vieux favori faisait à ses propres malheurs une allusion que le lieutenant ne comprit pas.

— Non, certes, dit-il en éclatant de rire. Le baron Ordener va recevoir le titre de comte, le collier de l'Eléphant et les aiguillettes de colonel, qui ne se concilient guère vraiment avec la barrette du cardinal.

— Tant mieux, répondit Schumacker. Puis, après une pause, il ajouta, secouant la tête comme s'il eût vu sa vengeance devant lui : — Quelque jour peut-être on lui fera un carcan du noble collier, on lui brisera sur le front sa couronne de comte, on lui battra les joues de ses aiguillettes de colonel.

Ordener saisit la main du vieillard.

— Dans l'intérêt de votre haine, seigneur, ne maudissez pas le bonheur d'un ennemi avant de savoir si ce bonheur en est un pour lui.

— Eh! mais, dit le lieutenant, qu'importent au baron de Thorvick les anathèmes du bonhomme?...

— Lieutenant, s'écria Ordener, ils lui importent plus que vous ne pensez... — peut-être. — Et, poursuivit-il après un moment de silence, votre fameux mariage est moins certain que vous ne le croyez.

— *Fiat quod vis*, repartit le lieutenant avec une salutation ironique; le roi, le vice-roi et le grand chancelier ont, il est vrai, tout disposé pour cette union; ils la désirent, ils la veulent; mais, puisqu'elle déplaît au seigneur étranger, qu'importe le grand chancelier, le vice-roi et le roi!

— Vous avez peut-être raison, dit Ordener d'un air sérieux.

— Oh! sur ma foi! et le lieutenant se renversa sur le dos en éclatant de rire, cela est trop plaisant. Je voudrais pour beaucoup que le baron de Thorvick fût ici pour entendre un devin aussi bien instruit des choses de ce monde décider de sa destinée. Mon docte prophète, croyez-moi, vous n'avez pas encore assez de barbe pour être bon sorcier.

— Seigneur lieutenant, répondit froidement Ordener, je ne pense pas qu'Ordener Guldenlew épouse une femme sans l'aimer.

— Eh! eh! voilà le livre des maximes. Et qui vous dit, seigneur du manteau vert, que le baron n'aime pas Ulrique d'Ahlefeld?

— Et, s'il vous plaît, à votre tour, qui vous dit qu'il l'aime?

Ici le lieutenant fut entraîné, comme il arrive souvent, par la chaleur de la conversation, à affirmer un fait dont il n'était pas sûr.

— Qui me dit qu'il l'aime? la question est amusante! J'en suis fâché pour votre divination; mais tout le monde sait que ce mariage n'est pas moins un mariage de passion que de convenance.

— Excepté moi du moins, dit Ordener d'un ton grave.

— Excepté vous, soit; mais qu'importe? vous n'empêcherez pas que le fils du vice-roi ne soit amoureux de la fille du chancelier!

— Amoureux?

— Amoureux fou!

— Il faudrait en effet qu'il fût fou pour en être amoureux.

— Holà! n'oubliez pas de qui et à qui vous parlez. Ne dirait-on pas que le fils du comte vice-roi n'a pu s'éprendre d'une dame sans consulter ce rustaud?

En parlant ainsi, l'officier s'était levé. Ethel, qui vit le regard d'Ordener s'enflammer, se précipita devant lui.

— Oh! dit-elle, de grâce, calmez-vous; n'écoutez pas ces injures : que nous importe que le fils du vice-roi aime la fille du chancelier?

Cette douce main posée sur le cœur du jeune homme en apaisa la tempête; il abaissa sur son Ethel un regard enivré, et n'entendit plus le lieutenant, qui, reprenant sa gaieté, s'écriait : — La damoiselle remplit avec une grâce infinie le rôle des dames sabines entre leurs pères et leurs maris. Mes paroles étaient peu mesurées : j'oubliais, poursuivit-il en s'adressant à Ordener, qu'il existait entre nous un lien de fraternité, et que nous ne pouvions plus nous provoquer. — Chevalier, donnez-moi la main. Convenez-en : vous aviez aussi oublié que vous parliez du fils du vice-roi à son futur beau-frère, le lieutenant d'Ahlefeld.

A ce nom, Schumacker, qui avait tout observé jusque-là d'un œil d'indifférence ou d'impatience, s'élança de son siége de pierre en poussant un cri terrible.

— D'Ahlefeld! un d'Ahlefeld devant moi! serpent! comment n'ai-je pas reconnu dans le fils son exécrable père? laissez-moi paisible dans mon cachot, je n'ai point été condamné au supplice de vous voir. Il ne me manque plus, comme il l'osait souhaiter tout à l'heure, que de voir le fils de Guldenlew près du fils d'Ahlefeld... traîtres! lâches! que ne viennent-ils eux-mêmes jouir de mes larmes de démence et de rage! Race! race abhorrée! fils d'Ahlefeld, laisse-moi!

L'officier, d'abord étourdi de la vivacité de ces imprécations, retrouva bientôt la colère et la parole :

— Silence, vieil insensé! auras-tu bientôt fini de me chanter les litanies des démons?...

— Laisse, laisse-moi! poursuivit le vieillard, et emporte ma malédiction pour toi et la misérable race de Guldenlew qui va s'allier à la tienne!

— Pardieu! s'écria l'officier furieux, tu me fais un double outrage!...

Ordener arrêta le lieutenant, qui ne se connaissait plus.

— Respectez un vieillard dans votre ennemi, lieutenant; nous avons déjà des satisfactions à nous rendre, je vous ferai raison des offenses du prisonnier.

— Soit, dit le lieutenant; vous contractez une double dette : le combat sera à outrance, car j'aurai mon beau-frère et moi à venger. Songez qu'avec mon gant vous ramassez celui d'Ordener Guldenlew.

— Lieutenant d'Ahlefeld, répondit Ordener, vous embrassez le parti des absents avec une chaleur qui prouve de la générosité. N'y en aurait-il pas autant à prendre pitié d'un malheureux vieillard à qui l'adversité donne quelque droit d'être injuste?

D'Ahlefeld était de ces âmes chez qui on éveille une vertu avec une louange. Il serra la main d'Ordener, et s'approcha de Schumacker, qui, épuisé par son emportement même, était retombé sur le rocher dans les bras d'Ethel éplorée.

— Seigneur Schumacker, dit l'officier, vous avez abusé de votre vieillesse, et j'allais peut-être abuser de ma jeunesse, si vous n'aviez trouvé un champion. J'étais entré ce matin pour la dernière fois dans votre prison, car c'était pour vous dire que désormais vous pourriez rester, d'après l'ordre spécial du vice-roi, libre et sans garde dans le donjon. Recevez cette bonne nouvelle de la bouche d'un ennemi.

— Retirez-vous, dit le vieux captif d'une voix sourde.

Le lieutenant s'inclina et obéit, intérieurement satisfait d'avoir conquis le regard approbateur d'Ordener.

Schumacker resta quelque temps les bras croisés et la tête courbée, enseveli dans ses rêveries ; tout à coup il releva son regard sur Ordener, debout et en silence devant lui.

— Eh bien ? dit-il.

— Seigneur comte, Dispolsen est mort assassiné.

La tête du vieillard retomba sur sa poitrine. Ordener poursuivit :

— Son assassin est un brigand fameux, Han d'Islande.

— Han d'Islande ! dit Schumacker.

— Han d'Islande ! répéta Ethel.

— Il a dépouillé le capitaine, continua Ordener.

— Ainsi, dit le vieillard, vous n'avez point entendu parler d'un coffret de fer, scellé des armes de Griffenfeld ?

— Non, seigneur.

Schumacker laissa tomber son front sur ses mains.

— Je vous le rapporterai, seigneur comte ; fiez-vous à moi. Le meurtre a été commis hier matin, Han a fui vers le nord. J'ai un guide qui connaît ses retraites, j'ai souvent parcouru les monts du Drontheimhus. J'atteindrai le brigand.

Ethel pâlit. Schumacker se leva, son regard avait quelque chose de joyeux, comme s'il comprenait encore la vertu chez les hommes.

— Noble Ordener, dit-il, adieu. Et, levant une main vers le ciel, il disparut derrière les broussailles.

Quand Ordener se retourna, il vit, sur le roc bruni par la mousse, Ethel pâle comme une statue d'albâtre sur un piédestal noir.

— Juste Dieu, mon Ethel ! dit-il se précipitant près d'elle et la soutenant dans ses bras, qu'avez-vous ?

— Oh ! répondit la tremblante jeune fille d'une voix qu'on entendait à peine, oh ! si vous avez, non quelque amour, mais quelque pitié pour moi, seigneur, si vous ne me parliez pas hier tout à fait pour m'abuser, si ce n'est pas pour causer ma mort que vous avez daigné venir dans cette prison, seigneur Ordener, mon Ordener, renoncez, au nom du ciel, au nom des anges, renoncez à votre projet insensé ! Ordener, mon bien-aimé Ordener, poursuivit-elle, et ses larmes s'échappaient avec abondance, et sa tête s'était penchée sur le sein du jeune homme, fais-moi ce sacrifice. Ne poursuis pas ce brigand, cet affreux démon, que tu veux combattre. Dans quel intérêt y vas-tu, Ordener? dis-moi, quel intérêt peut t'être plus cher que celui de la malheureuse que tu nommais hier ta bien-aimée épouse ?...

Elle s'arrêta suffoquée par les sanglots. Ses deux bras étaient attachés par ses mains jointes au cou d'Ordener, sur les yeux duquel elle fixait ses yeux suppliants.

— Mon Ethel adorée, vous vous alarmez à tort. Dieu soutient les bonnes intentions, et l'intérêt pour lequel je m'expose n'est autre que le vôtre. Ce coffret de fer renferme...

Ethel l'interrompit.

— Mon intérêt ! ai-je un autre intérêt que ta vie ? Et si tu meurs, Ordener, que veux-tu que je devienne ?

— Pourquoi penses-tu que je mourrai, Ethel ?...

— Ah ! tu ne connais donc pas ce Han, ce brigand infernal ? Sais-tu à quel monstre tu cours ? Sais-tu qu'il commande à toutes les puissances des ténèbres ? qu'il renverse des montagnes sur des villes ? que son pas fait crouler les tavernes souterraines ? que son souffle éteint les fanaux sur les rochers ? Et crois-tu, Ordener, résister à ce géant aidé du démon, avec tes bras blancs et ta frêle épée ?

— Et vos prières, Ethel, et l'idée que je combats pour vous ! Sois-en sûre, mon Ethel, on t'a beaucoup exagéré la force et le pouvoir de ce brigand. C'est un homme comme nous, qui donne la mort jusqu'à ce qu'il la reçoive.

— Tu ne veux donc pas m'écouter ? mes paroles ne sont donc rien pour toi ? Que veux-tu, dis-moi, que je devienne si tu pars, si tu vas errer de périls en périls, exposant, pour je ne sais quel interêt de la terre, tes jours qui sont à moi, les livrant à un monstre ?...

Ici les récits du lieutenant apparurent de nouveau à l'imagination d'Ethel, accrus de tout son amour et de toute sa terreur. Elle poursuivit, d'une voix entrecoupée par les sanglots :

— Je te l'assure, mon bien-aimé Ordener, ils t'ont trompé, ceux qui t'ont dit que ce n'était qu'un homme. Tu dois me croire plus qu'eux, Ordener ; tu sais que je ne voudrais pas te tromper. On a mille fois essayé de le combattre, il a détruit des bataillons entiers. — Je voudrais seulement que d'autres te le dissent, tu les croirais et tu n'irais pas.

Les prières de la pauvre Ethel auraient sans doute ébranlé l'aventureuse résolution d'Ordener, s'il n'eût été aussi avancé. Les paroles échappées la veille au désespoir de Schumacker revinrent à sa mémoire et le raffermirent.

— Je pourrais, ma chère Ethel, vous dire que je n'irai

pas, et n'en pas moins exécuter mon projet; mais je ne vous tromperai jamais, même pour vous rassurer. Je ne dois pas, je le répète, balancer entre vos larmes et vos intérêts. Il s'agit de votre fortune, de votre bonheur, de votre vie peut-être, de ta vie, mon Ethel...— Et il la pressait doucement dans ses bras.

— Et que me fait tout cela? reprit-elle éplorée. Mon ami, mon Ordener, ma joie, tu sais que tu es toute ma joie, ne me donne pas un malheur affreux et certain pour des malheurs légers et douteux. Que me font ma fortune, ma vie?

— Il s'agit aussi, Ethel, de la vie de votre père.

Elle s'arracha de ses bras.

— De mon père! répéta-t-elle à voix basse et en pâlissant.

— Oui, Ethel. Ce brigand, soudoyé sans doute par les ennemis du comte Griffenfeld, a en son pouvoir des papiers dont la perte compromet les jours déjà si détestés de votre père. Je veux lui reprendre ces papiers avec la vie.

Ethel resta quelques instants pâle et muette; ses larmes s'étaient taries, son sein gonflé respirait péniblement, elle regardait la terre d'un œil terne et indifférent, de l'œil dont le condamné la regarde au moment où la hache se lève derrière lui sur sa tête.

— De mon père! murmura-t-elle.

Puis elle tourna lentement les yeux sur Ordener.

— Ce que tu fais est inutile; mais fais-le.

Ordener l'attira sur son sein.

— Oh! noble fille, laisse ton cœur battre sur le mien. Généreuse amie! je reviendrai bientôt. Va, tu seras à moi; je veux être le sauveur de ton père, pour mériter de devenir son fils. Mon Ethel, ma bien-aimée Ethel!...

Qui pourrait dire ce qui se passe dans un noble cœur

qui se sent compris d'un noble cœur? Et si l'amour unit ces deux âmes pareilles d'un lien indestructible, qui pourrait peindre ces inexprimables délices? Il semble alors que l'on éprouve, réunis dans un court moment, tout le bonheur et toute la gloire de la vie, embellie du charme des généreux sacrifices.

— O mon Ordener, va; et si tu ne reviens pas, la douleur sans espoir tue. J'aurai cette lente consolation.

Ils se levèrent tous deux, et Ordener plaça sur son bras le bras d'Ethel, et dans sa main cette main adorée; ils traversèrent en silence les allées tortueuses du sombre jardin, et arrivèrent à regret à la porte de la tour qui servait d'issue. Là, Ethel, tirant de son sein de petits ciseaux d'or, coupa une boucle de ses beaux cheveux noirs.

— Reçois-la, Ordener; qu'elle t'accompagne, qu'elle soit plus heureuse que moi!

Ordener pressa religieusement sur ses lèvres ce présent de la bien-aimée. Elle poursuivit :

— Ordener, pense à moi, je prierai pour toi. Ma prière sera peut-être aussi puissante auprès de Dieu que tes armes devant le démon.

Ordener s'inclina devant cet ange. Son âme sentait trop pour que sa bouche pût parler. Ils restèrent quelque temps sur le cœur l'un de l'autre. Au moment de la quitter, peut-être pour jamais, Ordener jouissait, avec un triste ravissement, du bonheur de tenir une fois encore toute son Ethel entre ses bras. Enfin, déposant un chaste et long baiser sur le front décoloré de la douce jeune fille, il s'élança violemment sous la voûte obscure de l'escalier en spirale, qui lui apporta, un moment après, le mot si lugubre et si doux : Adieu!

X

Tu ne la croirais pas malheureuse, tout ce qui l'entoure annonce le bonheur. Elle porte des colliers d'or et des robes de pourpre. Lorsqu'elle sort, la foule de ses vassaux se prosterne sur son passage, et des pages obéissants étendent des tapis sous ses pieds. Mais on ne la voit point dans la retraite qui lui est chère; car alors elle pleure, et son mari ne l'entend pas... — Je suis cette malheureuse, l'épouse d'un homme honoré, d'un noble comte, la mère d'un enfant dont les sourires me poignardent.

MATHURIN, *Bertram*.

La comtesse d'Ahlefeld venait de quitter l'insomnie de la nuit pour celle du jour. A demi couchée sur un sofa, elle rêvait aux arrière-goûts amers des jouissances impures, au crime qui use la vie par des joies sans bonheur et des douleurs sans consolation. Elle songeait à ce Musdœmon, que de coupables illusions lui avaient jadis peint si séduisant, si affreux maintenant qu'elle l'avait pénétré et qu'elle avait vu l'âme à travers le corps. La misérable pleurait, non d'avoir été trompée, mais de ne pouvoir plus l'être; de regret, non de repentir; aussi ses pleurs ne la soulageaient-ils pas. En ce moment sa porte s'ouvrit; elle essuya en hâte ses yeux, et se retourna, irritée d'être surprise, car elle avait ordonné qu'on la laissât seule. Sa colère se changea, à l'aspect de Musdœmon, en un effroi qu'elle apaisa pourtant en le voyant accompagné de son fils Frédéric.

— Ma mère! s'écria le lieutenant, comment donc êtes-vous ici? Je vous croyais à Berghen. Est-ce que nos belles dames ont repris la mode de courir les champs?

La comtesse accueillit Frédéric avec des embrassements auxquels, comme tous les enfants gâtés, il répondit assez froidement. C'était peut-être la plus sensible des punitions pour cette malheureuse. Frédéric était son fils chéri, le seul être au monde pour lequel elle conservât une affection désintéressée; car souvent, dans une femme dégradée, même quand l'épouse a disparu, il reste encore quelque chose de la mère.

— Je vois, mon fils, qu'en apprenant ma présence à Drontheim, vous êtes accouru sur-le-champ pour me voir.

— Oh! mon Dieu, non. Je m'ennuyais au fort, je suis venu dans la ville, où j'ai rencontré Musdœmon, qui m'a conduit ici.

La pauvre mère soupira profondément.

— A propos, ma mère, continua Frédéric, je suis bien content de vous voir. Vous me direz si les nœuds de ruban rose au bas du justaucorps sont toujours de mode à Copenhague. Avez-vous songé à m'apporter une fiole de cette huile de Jouvence, qui blanchit la peau? Vous n'avez pas oublié, n'est-ce pas, le dernier roman traduit, ni les galons d'or vierge que je vous ai demandés pour ma casaque couleur de feu, ni ces petits peignes que l'on place maintenant sous la frisure pour soutenir les boucles, ni.... —

La malheureuse femme n'avait rien apporté à son fils, que le seul amour qu'elle eût au monde.

— Mon cher fils, j'ai été malade, et mes souffrances m'ont empêchée de songer à vos plaisirs.

— Vous avez été malade, ma mère? Eh bien! maintenant vous sentez-vous mieux?... A propos, comment va ma meute de chiens normands? Je parie qu'on aura négligé de baigner tous les soirs ma guenon dans l'eau de rose. Vous verrez que je trouverai mon perroquet de Bilbao mort à mon retour... Quand je suis absent, personne ne songe à mes bêtes.

— Votre mère du moins songe à vous, mon fils, dit la mère d'une voix altérée.

Ç'aurait été l'heure inexorable où l'ange exterminateur lancera les âmes pécheresses dans les châtiments éternels, qu'il aurait eu pitié des douleurs auxquelles était en ce moment livré le cœur de l'infortunée comtesse. — Musdœmon riait dans un coin de l'appartement.

— Seigneur Frédéric, dit-il, je vois que l'épée d'acier ne veut pas rouiller dans le fourreau de fer. Vous ne vous souciez pas de perdre dans les tours de Munckholm les saines traditions des salons de Copenhague. Mais, pourtant, daignez me le dire, à quoi bon cette huile de Jouvence, ces rubans roses et ces petits peignes? à quoi bon ces apprêts de siége, si la seule forteresse féminine que renferment les tours de Munckholm est imprenable?

— En honneur! elle l'est, répondit Frédéric en riant. Certes, si j'ai échoué, le général Schack y échouerait. Mais comment surprendre un fort où rien n'est à découvert, où tout est gardé sans relâche? Que faire contre des guimpes qui ne laissent voir que le cou, contre des manches qui cachent tout le bras, en sorte qu'il n'y a que le visage et les mains pour prouver que la jeune damoiselle n'est pas noire comme l'empereur de Mauritanie? Mon cher précepteur, vous seriez un écolier. Croyez-moi, le fort est inexpugnable quand la pudeur y tient garnison.

— En vérité! dit Musdœmon. Mais ne forcerait-on pas la pudeur à capituler en lui faisant donner l'assaut par l'amour, au lieu de se borner au blocus des petits soins?

— Peine perdue, mon cher; l'amour s'est bien introduit dans la place, mais il y sert de renfort à la pudeur.

— Ah! seigneur Frédéric, voilà du nouveau. Avec l'amour pour vous...

— Et qui vous dit, Musdœmon, qu'il est pour moi?.....

— Et pour qui donc? s'écrièrent à la fois Musdœmon et

la comtesse, qui jusqu'alors avait écouté en silence, mais à qui les paroles du lieutenant venaient de rappeler Ordener.

Frédéric allait répondre, et préparait déjà un récit piquant de la scène nocturne de la veille, quand le silence prescrit par la loi courtoise lui revint à l'esprit et changea sa gaieté en embarras.

— Ma foi, dit-il, je ne sais pour qui... mais... quelque rustaud, peut-être... quelque vassal...

— Quelque soldat de la garnison, dit Musdœmon en éclatant de rire.

— Quoi ! mon fils, s'écriait de son côté la comtesse, vous êtes sûr qu'elle aime un paysan, un vassal ? Quel bonheur si vous en étiez sûr !

— Eh ! sans doute, j'en suis sûr. Ce n'est point un soldat de la garnison, ajouta le lieutenant d'un air pique Mais je suis assez sûr de ce que je dis pour vous prier, ma mère, d'abréger mon très-inutile exil dans ce maudit château.

Le visage de la comtesse s'était éclairci en apprenant la chute de la jeune fille. L'empressement d'Ordener Guldenlew à se rendre à Munckholm se présenta alors à son esprit sous des couleurs toutes différentes. Elle en fit les honneurs à son fils.

— Vous nous donnerez tout à l'heure, Frédéric, des détails sur les amours d'Ethel Schumacker ; ils ne m'étonnent pas ; fille de rustre ne peut aimer qu'un rustre. En attendant, ne maudissez pas ce château qui vous a procuré hier l'honneur de voir certain personnage faire les premières démarches pour vous connaître.

— Comment ! ma mère, dit le lieutenant ouvrant les yeux... quel personnage ?

— Trêve de plaisanteries, mon fils. Personne ne vous a-t-il rendu visite hier ? Vous voyez que je suis instruite.

— Ma foi, mieux que moi, ma mère. Du diable si j'ai vu hier autre visage que les mascarons placés sous les corniches de ces vieilles tours !

— Comment, Frédéric, vous n'avez vu personne?

— Personne, ma mère, en vérité !

Frédéric, en omettant son antagoniste du donjon, obéissait à la loi du silence ; et d'ailleurs ce manant pouvait-il compter pour quelqu'un?

— Quoi! dit la mère, le fils du vice-roi n'est pas allé hier soir à Munckholm?

Le lieutenant éclata de rire.

— Le fils du vice-roi! En vérité, ma mère, vous rêvez ou vous raillez.

— Ni l'un ni l'autre, mon fils. Qui donc était hier de garde?

— Moi-même, ma mère.

— Et vous n'avez point vu le baron Ordener?

— Eh! non, répéta le lieutenant.

— Mais songez, mon fils, qu'il a pu entrer incognito, que vous ne l'avez jamais vu, ayant été élevé à Copenhague tandis qu'on l'élevait à Drontheim : songez à ce qu'on dit de ses caprices, du vagabondage de ses idées. Etes-vous sûr, mon fils, de n'avoir vu personne?

Frédéric hésita un instant.

— Non, s'écria-t-il, personne! je ne puis dire autre chose.

— En ce cas, reprit la comtesse, le baron n'est sans doute pas allé à Munckholm?

Musdœmon, d'abord surpris comme Frédéric, avait tout écouté attentivement. Il interrompit la comtesse.

— Noble dame, permettez... Seigneur Frédéric, quel est, de grâce, le nom du vassal aimé de la fille de Schumacker?

Il répéta sa question; car Frédéric, qui depuis quelques moments était devenu pensif, ne l'avait pas entendue.

— Je l'ignore... ou plutôt... Oui, je l'ignore.

— Et comment, seigneur, savez-vous qu'elle aime un vassal?

— L'ai-je dit? un vassal? Eh bien! oui, un vassal...

L'embarras de la position du lieutenant s'accroissait Cet interrogatoire, les idées qu'il faisait naitre en lui, l'obligation de se taire, le jetaient dans un trouble dont il craignait de n'être plus maitre...

—Par ma foi, sire Musdœmon, et vous, ma noble mère, si la manie d'interroger est à la mode, amusez-vous à vous interroger tous deux. Pour moi, je n'ai rien de plus à vous dire.

Et, ouvrant brusquement la porte, il disparut, les laissant plongés dans un abime de conjectures. Il descendit précipitamment dans la cour, car il entendait la voix de Musdœmon qui le rappelait.

Il remonta à cheval, et se dirigea vers le port, d'où il voulait se rembarquer pour Munckholm, pensant y trouver peut-être encore l'étranger qui jetait dans de profondes réflexions l'un des plus frivoles cerveaux d'une des plus frivoles capitales.

— Si c'était Ordener Guldenlew, se disait-il; en ce cas ma pauvre Ulrique... Mais non, il est impossible qu'on soit assez fou pour préférer la fille indigente d'un prisonnier d'Etat à la fille opulente d'un ministre tout-puissant. En tout cas, la fille de Schumacker pourrait n'être qu'une fantaisie, et rien n'empêche, quand on a une femme, d'avoir en même temps une maitresse : cela même est de bon ton. — Mais non, ce n'est pas Ordener. Le fils du vice-roi ne se vêtirait pas d'un simple justaucorps usé; et cette vieille plume noire sans boucle, battue du vent et de la pluie! et ce grand manteau dont on pourrait faire une tente! et ces cheveux en désordre, sans peignes et sans frisure! et ces bottines à éperons de fer, souillées de boue et de poussière? Vraiment ce ne peut être lui. Le baron de Thorvick est chevalier de Dannebrog; cet étranger ne porte aucune décoration d'honneur : si j'étais chevalier de Dannebrog, il me semble que je coucherais avec le collier de l'ordre. Oh non! il ne connaît seulement pas la *Clélie*. Non, ce n'est pas le fils du vice-roi.

XI

Si l'homme pouvait conserver encore la chaleur de l'âme quand l'expérience l'éclaire, s'il héritait du temps sans se courber sous son poids, il n'insulterait jamais aux vertus exaltées, dont le premier conseil est toujours le sacrifice de soi-même.

Madame de Staël, *de l'Allemagne.*

— Eh bien! qu'est-ce? Vous, Poël! qui vous a fait monter?

— Son Excellence oublie qu'elle vient de m'en donner l'ordre.

— Oui? dit le général... Ah! c'était pour que vous me donnassiez ce carton.

Poël remit au gouverneur le carton, que celui-ci aurait pu prendre lui-même en étendant un peu le bras.

Son Excellence replaça machinalement le carton sans l'ouvrir, puis elle feuilleta quelques papiers avec distraction.

— Poël, je voulais aussi vous demander... Quelle heure est-il?

— Six heures du matin, répondit le valet au général, qui avait une horloge sous les yeux.

— Je voulais vous dire, Poël... Qu'y a-t-il de nouveau dans le palais?

Le général continua sa revue des papiers, écrivant d'un air préoccupé quelques mots sur chacun d'eux.

— Rien, Votre Excellence, sinon que l'on attend encore mon noble maître, dont je vois que le général est inquiet.

Le général se leva de son grand bureau, et regarda Poël d'un air d'humeur.

— Vous avez de mauvais yeux, Poël. Moi, inquiet d'Ordener! Je sais le motif de son absence; je ne l'attends pas encore.

Le général Levin de Knud était tellement jaloux de son autorité, qu'elle lui eût semblé compromise si un subalterne eût pu deviner une de ses secrètes pensées, et croire qu'Ordener avait agi sans son ordre.

— Poël, poursuivit-il, retirez-vous.

Le valet sortit.

— En vérité, s'écria le gouverneur resté seul, Ordener use et abuse. A force de plier la lame, on la brise. Me faire passer une nuit d'insomnie et d'impatience! Exposer le général Levin aux sarcasmes d'une chancelière et aux conjectures d'un valet! et tout cela pour qu'un vieil ennemi ait les premiers embrassements qu'il doit à un vieil ami. Ordener! Ordener! les caprices tuent la liberté. Qu'il vienne, qu'il arrive maintenant, du diable si je ne l'accueille pas comme la poudre accueille le feu! Exposer le gouverneur de Drontheim aux conjectures d'un valet, aux sarcasmes d'une chancelière! Qu'il vienne!...

Le général continuait d'apostiller les papiers sans les lire, tant sa mauvaise humeur le préoccupait.

— Mon général! mon noble père! s'écria une voix connue.

Ordener serrait dans ses bras le vieillard, qui ne songea pas même à réprimer un cri de joie.

— Ordener, mon brave Ordener! Pardieu! que je suis aise!... — La réflexion arriva au milieu de cette phrase. — Je suis aise, seigneur baron, que vous sachiez maîtriser vos sentiments. Vous paraissez avoir du plaisir à me revoir; c'est sans doute pour vous mortifier que vous vous en êtes imposé la privation depuis vingt-quatre heures que vous êtes ici.

— Mon père, vous m'avez souvent dit qu'un ennemi malheureux devait passer avant un ami heureux. Je viens de Munckholm.

— Sans doute, dit le général, quand le malheur de l'ennemi est imminent. Mais l'avenir de Schumacker...

— Est plus menaçant que jamais. Noble général, une trame odieuse est ourdie contre cet infortuné! Des hommes nés ses amis veulent le perdre. Un homme né son ennemi saura le servir...

Le général, dont le visage s'était par degrés entièrement adouci, interrompit Ordener.

— Bien, mon cher Ordener. Mais que dis-tu là? Schumacker est sous ma sauvegarde. Quels hommes? quelles trames?...

Ordener aurait été bien empêché de répondre clairement à cette question. Il n'avait que des lueurs très-vagues, que des présomptions très-incertaines sur la position de l'homme pour lequel il allait exposer sa vie. Bien des gens trouveront qu'il agissait follement; mais les âmes jeunes font ce qu'elles croient juste et bon par instinct et non par calcul; et d'ailleurs dans ce monde, où la prudence est si aride et la sagesse si ironique, qui nie que la générosité soit folie? Tout est relatif sur la terre, où tout est borné; et la vertu serait une grande démence, si derrière les hommes il n'y avait Dieu. Ordener était dans l'âge où l'on croit et où l'on est cru. Il risquait ses jours de confiance; le général accueillit de même des raisons qui n'auraient pas résisté à une discussion froide.

— Quelles trames! quels hommes! mon bon père. — Dans quelques jours j'aurai tout éclairci; alors vous saurez tout ce que je saurai. Je vais repartir ce soir.

— Comment! s'écria le vieillard, tu ne me donneras encore que quelques heures! Mais où vas-tu? pourquoi pars-tu, mon cher fils?

— Vous m'avez quelquefois permis, mon noble père, de faire une action louable en secret.

— Oui, mon brave Ordener; mais tu pars sans trop savoir pourquoi, et tu sais quelle grande affaire te demande...

— Mon père m'a laissé un mois de réflexion, je le consacre aux intérêts d'un autre. Bonne action donne bon conseil; d'ailleurs à mon retour nous verrons.

— Quoi! reprit le général d'un ton de sollicitude, ce mariage te déplairait-il? On dit Ulrique d'Ahlefeld si belle! dis-moi, l'as-tu vue?

— Je crois qu'oui, dit Ordener; il me semble qu'elle est belle, en effet.

— Eh bien! reprit le gouverneur.

— Eh bien! dit Ordener, elle ne sera pas ma femme.

Ce mot froid et décisif frappa le général comme un coup violent. Les soupçons de l'orgueilleuse comtesse lui revinrent à l'esprit.

— Ordener, dit-il en hochant la tête, je devrais être sage, car j'ai été pécheur. Eh bien! je suis un vieux fou! Ordener! le prisonnier a une fille...

— Oh! s'écria le jeune homme, général, je voulais vous en parler. Je vous demande, mon père, votre protection pour cette faible et opprimée jeune fille.

— En vérité, dit gravement le gouverneur, tes instances sont vives.

Ordener revint un peu à lui.

— Et comment ne le seraient-elles pas pour une infortunée prisonnière à laquelle on veut arracher la vie, et, ce qui est bien plus précieux, l'honneur!...

— La vie! l'honneur! mais c'est moi pourtant qui gouverne ici, et j'ignore toutes ces horreurs! Explique-toi.

— Mon noble père, la vie du prisonnier et de sa fille sans défense est menacée par un infernal complot...

— Mais ce que tu avances est grave, quelle preuve en as-tu?

—Le fils aîné d'une puissante famille est en ce moment à Munckholm; il y est pour séduire la comtesse Ethel;... il me l'a dit lui-même.

Le général recula de trois pas.

— Dieu! Dieu! pauvre jeune abandonnée! Ordener, Ordener! Ethel et Schumacker sont sous ma protection. Quel est le misérable? quelle est la famille?

Ordener s'approcha du général et lui serra la main.

—La famille d'Ahlefeld.

— D'Ahlefeld! dit le vieux gouverneur; oui, la chose est claire, le lieutenant Frédéric est encore en ce moment à Munckholm. Noble Ordener, on veut t'allier à cette race. Je conçois ta répugnance, noble Ordener!

Le vieillard, croisant les bras, resta quelques moments rêveur, puis il vint à Ordener et le serra sur sa poitrine.

— Jeune homme, tu peux partir; ta protection ne sera pas absente pour tes protégés; je leur reste. Oui, pars; tu fais bien de toute manière. Cette infernale comtesse d'Ahlefeld est ici, tu le sais peut-être?...

— *La noble dame comtesse d'Ahlefeld!* dit la voix de l'huissier qui ouvrait la porte.

A ce nom Ordener recula machinalement vers le fond de la chambre, et la comtesse, entrant sans l'apercevoir, s'écria :

— Seigneur général, votre élève se joue de vous; il n'est point allé à Munckholm.

— En vérité! dit le général.

— Eh! mon Dieu! mon fils Frédéric, qui sort du palais, était hier de garde au donjon, et n'a vu personne.

— Vraiment, noble dame? répéta le général.

— Ainsi, continua la comtesse en souriant d'un air de triomphe, général, n'attendez plus votre Ordener

Le gouverneur resta grave et froid.

— Je ne l'attends plus en effet, dame comtesse.

— Général, dit la comtesse en se détournant, je croyais que nous étions seuls... Quel est...?

La comtesse attacha son regard scrutateur sur Ordener, qui s'inclina.

— Vraiment, poursuivit-elle..... — je ne l'ai vu qu'une fois... — mais... — sans ce costume, ce serait... — Seigneur général, c'est le fils du vice-roi?

— Lui-même, noble dame, dit Ordener s'inclinant de nouveau.

La comtesse sourit.

— En ce cas, permettrez-vous à une dame qui doit bientôt être plus encore pour vous, de vous demander où vous êtes allé hier, seigneur comte...

— Seigneur comte! je ne crois pas avoir eu le malheur de perdre déjà mon noble père, dame comtesse.

— Ce n'est certes point là ma pensée. Mieux vaut devenir comte en prenant une épouse qu'en perdant un père.

— L'un ne vaut guère mieux que l'autre, noble dame.

La comtesse, un peu interdite, prit cependant le parti d'éclater de rire.

— Allons, on m'avait dit vrai, sa courtoisie est un peu sauvage. Elle se familiarisera pourtant avec les présents des dames, quand Ulrique d'Ahlefeld lui passera au cou la chaîne de l'ordre de l'Eléphant.

— Véritable chaîne en effet! dit Ordener.

— Vous verrez, général Levin, reprit la comtesse, dont le rire devenait embarrassé, que votre intraitable élève ne voudra non plus tenir d'une dame son rang de colonel.

— Vous avez raison, dame comtesse, répliqua Ordener, un homme qui porte l'épée ne doit pas devoir ses aiguillettes à un jupon.

La physionomie de la grande dame se rembrunit tout à fait.

— Oh! oh! d'où vient donc le seigneur baron? Est-il bien vrai que Sa Courtoisie ne soit pas allée hier à Munckholm?

— Noble dame, je ne satisfais pas toujours à toutes les questions. — Mais, général, nous nous reverrons...

Puis, serrant la main du vieillard et saluant la comtesse, il sortit, laissant la dame, stupéfaite de tout ce qu'elle ignorait, seule avec le gouverneur, indigné de tout ce qu'il savait.

XII

> ... L'homme qui est en ce moment assis près de lui, qui rompt avec lui son pain et boit à sa santé la coupe qu'ils ont partagée ensemble, sera le premier à l'assassiner.
>
> SHAKSPEARE, *Timon d'Athènes.*

Que le lecteur se transporte maintenant sur la route de Drontheim à Skongen, route étroite et pierreuse qui côtoie le golfe de Drontheim jusqu'au hameau de Vygla, il ne tardera pas à entendre les pas de deux voyageurs qui sont sortis de la porte dite de Skongen à la chute du jour, et montent assez rapidement les collines étagées sur lesquelles serpente le chemin de Vygla.

Tous deux sont enveloppés de manteaux. L'un marche d'un pas jeune et ferme, le corps droit et la tête levée; l'extrémité d'un sabre dépasse le bord de son manteau, et, malgré l'obscurité de la nuit, on peut voir une plume se balancer au souffle du vent sur sa toque. L'autre est un peu plus grand que son compagnon, mais légèrement voûté; on voit sur son dos une bosse, formée sans doute par une besace que cache un grand manteau noir dont les bords profondément dentelés annoncent les bons et loyaux services. Il n'a d'autre arme qu'un long bâton dont il aide sa marche inégale et précipitée.

Si la nuit empêche le lecteur de distinguer les traits des deux voyageurs, il les reconnaîtra peut-être à la conversation que l'un d'eux entame après une heure de route silencieuse, et par conséquent ennuyeuse.

— Maître! mon jeune maître! nous sommes au point d'où l'on aperçoit à la fois la tour de Vygla et les clochers de Drontheim. Devant nous, à l'horizon, cette masse noire, c'est la tour; derrière nous, voici la cathédrale, dont les arcs-boutants, plus sombres encore que le ciel, se dessinent comme les côtes de la carcasse d'un mammouth.

— Vygla est-il loin de Skongen? demanda l'autre piéton.

— Nous avons l'Ordals à traverser, seigneur; nous ne serons pas à Skongen avant trois heures du matin.

— Quelle est l'heure qui sonne en ce moment?

— Juste Dieu, maître! vous me faites trembler. Oui, c'est la cloche de Drontheim, dont le vent nous apporte les sons. Cela annonce l'orage. Le souffle du nord-ouest amène les nuages.

— Les étoiles, en effet, ont toutes disparu derrière nous.

— Doublons le pas, mon noble seigneur, de grâce. L'orage arrive, et peut-être s'est-on déjà aperçu à la ville de la mutilation du cadavre de Gill et de ma fuite. Doublons le pas.

— Volontiers. Vieillard, votre fardeau parait lourd; cédez-le-moi, je suis jeune et plus vigoureux que vous.

— Non, en vérité, noble maître! ce n'est point à l'aigle à porter l'écaille de la tortue. Je suis trop indigne que vous vous chargiez de ma besace.

— Mais, vieillard, si elle vous fatigue?... Elle paraît pesante. Que contient-elle donc? Tout à l'heure vous avez bronché, cela a résonné comme du fer.

Le vieillard s'écarta brusquement du jeune homme.

— Cela a résonné, maître! oh non! vous vous êtes trompé. — Elle ne contient rien... que des vivres, des habits... Non, elle ne me fatigue pas, seigneur.

La proposition bienveillante du jeune homme paraissait avoir causé à son vieux compagnon un effroi qu'il s'efforçait de dissimuler.

— Eh bien! répondit le jeune homme sans s'en apercevoir, si ce fardeau ne vous fatigue pas, gardez-le.

Le vieillard, tranquillisé, se hâta néanmoins de changer la conversation.

— Il est triste de suivre la nuit en fugitifs une route qu'il serait si agréable, seigneur, de parcourir le jour en observateurs. On trouve sur les bords du golfe, à notre gauche, une profusion de pierres runiques, sur lesquelles on peut étudier des caractères tracés, suivant les traditions, par les dieux et les géants. A notre droite, derrière les rochers qui bordent le chemin, s'étend le marais salé de Sciold, qui communique sans doute avec la mer par quelque canal souterrain, puisque l'on y pêche le lombric marin, ce poisson singulier qui, d'après les découvertes de votre serviteur et guide, mange du sable. C'est dans la tour de

Vygla, dont nous approchons, que le roi païen Vermond fit rôtir les mamelles de sainte Etheldera, cette glorieuse martyre, avec du bois de la vraie croix, apporté à Copenhague par Olaüs III et conquis par le roi de Norwége. On dit que depuis on a essayé inutilement de faire une chapelle de cette tour maudite; toutes les croix qu'on y a placées successivement ont été consumées par le feu du ciel... —

En ce moment un immense éclair couvrit le golfe, la colline, les rochers, la tour, et disparut avant que l'œil des deux voyageurs eût pu discerner aucun de ces objets. Ils s'arrêtèrent spontanément, et l'éclair fut suivi presque immédiatement d'un coup de tonnerre violent, dont l'écho se prolongea de nuage en nuage dans le ciel, et de rocher en rocher sur la terre.

Ils levèrent les yeux: toutes les étoiles étaient voilées; de grosses nues roulaient rapidement les unes sur les autres, et la tempête s'amassait comme une avalanche au-dessus de leurs têtes. Le grand vent sous lequel couraient toutes ces masses n'était point encore descendu jusqu'aux arbres, qu'aucun souffle n'agitait, et sur lesquels ne retentissait encore aucune goutte de pluie. On entendait en haut comme une rumeur orageuse, qui, jointe à la rumeur du golfe, était le seul bruit qui s'élevât dans l'obscurité de la nuit, redoublée par les ténèbres de la tempête.

Ce tumultueux silence fut soudain interrompu, près des deux voyageurs, par une espèce de rugissement qui fit tressaillir le vieillard.

— Dieu tout-puissant! s'écria-t-il en serrant le bras du jeune homme, c'est le rire du diable dans l'orage, ou la voix de...—

Un nouvel éclair, un nouveau coup de tonnerre, lui coupèrent la parole. La tempête commença alors avec impétuosité, comme si elle eût attendu le signal. Les deux voyageurs resserrèrent leurs manteaux pour se garantir à la fois de la pluie qui s'échappait des nuages par torrents, et de la poussière épaisse qu'un vent furieux enlevait par tourbillons à la terre encore sèche.

— Vieillard, dit le jeune homme, un éclair vient de me montrer la tour de Vygla sur notre droite; quittons la route et cherchons-y un abri.

— Un abri dans la Tour-Maudite! s'écria le vieillard, que saint Hospice nous protége! songez, jeune maître, que cette tour est déserte.

— Tant mieux, vieillard, nous n'attendrons pas à la porte.

— Songez quelle abomination l'a souillée!...

— Eh bien! qu'elle se purifie en nous abritant. Allons, vieillard, suivez-moi. Je vous déclare qu'en une pareille nuit je tenterais l'hospitalité d'une caverne de voleurs.

Alors, malgré les remontrances du vieillard, dont il avait saisi le bras, il se dirigea vers l'édifice, que les fréquentes lueurs des éclairs lui montraient à peu de distance. En approchant, ils aperçurent une lumière à l'une des meurtrières de la tour.

—Vous voyez, dit le jeune homme, que cette tour n'est pas déserte. Vous voilà rassuré, sans doute.

— Dieu! bon Dieu! s'écriait le vieillard, où me menez-vous, maître? Ne plaise à saint Hospice que j'entre dans cet oratoire du démon!

Ils étaient au bas de la tour. Le jeune voyageur frappa avec force à la porte neuve de cette ruine redoutée.

— Tranquillisez-vous, vieillard, quelque pieux cénobite sera venu sanctifier cette demeure profanée, en l'habitant.

— Non, disait son compagnon, je n'entrerai pas. Je réponds que nul ermite ne peut vivre ici, à moins qu'il n'ait pour chapelet une des sept chaînes de Belzébuth.

Bonne dame, dit le plus jeune des nouveaux venus, la pluie tombe à flots...

Cependant une lumière était descendue de meurtrière en meurtrière, et vint briller à travers la serrure de la porte.

— Tu viens bien tard, Nychol ! cria une voix aigre : on dresse la potence à midi, et il ne faut que six heures pour venir de Skongen à Vygla. Est-ce qu'il y a eu surcroît de besogne?

Cette question tomba au moment où la porte s'ouvrait. Celle qui l'ouvrait, apercevant deux figures étrangères, au lieu de celle qu'elle attendait, poussa un cri d'effroi et de menace, et recula de trois pas.

L'aspect de cette femme n'était pas lui-même très-rassurant. Elle était grande, son bras élevait au-dessus de sa tête une lampe de fer dont son visage était fortement éclairé. Ses traits livides, sa figure sèche et anguleuse, avaient quelque chose de cadavéreux, et il s'échappait de ses yeux creux des rayons sinistres pareils à ceux d'une torche funèbre. Elle était vêtue depuis la ceinture d'un jupon de serge écarlate, qui ne laissait voir que ses pieds nus, et paraissait souillé de taches d'un autre rouge. Sa poitrine décharnée était à moitié couverte d'une veste d'homme de même couleur, dont les manches étaient coupées au coude. Le vent, entrant par la porte ouverte, agitait au-dessus de sa tête ses longs cheveux gris à peine retenus par une ficelle d'écorce, ce qui rendait plus sauvage encore l'expression de sa farouche physionomie.

— Bonne dame, dit le plus jeune des nouveaux venus, la pluie tombe à flots, vous avez un toit et nous avons de l'or.

Son vieux compagnon le tirait par son manteau, et s'écriait à voix basse :

— Oh ! maître ! que dites-vous là ? Si ce n'est pas ici la maison du diable, c'est l'habitacle de quelque bandit. Notre or nous perdra, loin de nous protéger.

— Paix ! dit le jeune homme; et, tirant une bourse de

sa veste, il la fit briller aux yeux de l'hôtesse, en répétant sa prière.

Celle-ci, revenue un peu de sa surprise, les considérait alternativement d'un œil fixe et hagard.

— Etrangers ! s'écria-t-elle enfin, comme n'ayant pas entendu leur voix, vos esprits gardiens vous ont-ils abandonnés? que venez-vous chercher parmi les habitants maudits de la Tour-Maudite? Etrangers ! ce ne sont point des hommes qui vous ont indiqué ces ruines pour abri, car tous vous auraient dit : Mieux vaut l'éclair de la tempête que le foyer de la tour de Vygla. Le seul vivant qui puisse entrer ici n'entre dans aucune demeure des autres vivants, il ne quitte la solitude que pour la foule, il ne vit que pour la mort. Il n'a de place que dans les malédictions des hommes, il ne sert qu'à leurs vengeances, il n'existe que par leurs crimes. Et le plus vil scélérat, à l'heure du châtiment, se décharge sur lui du mépris universel, et se croit encore en droit d'y ajouter le sien. Etrangers ! vous l'êtes, car votre pied n'a pas encore repoussé avec horreur le seuil de cette tour ; ne troublez pas plus longtemps la louve et les louveteaux ; regagnez le chemin où marchent tous les autres hommes; et, si vous ne voulez pas être fuis de vos frères, ne leur dites pas que votre visage ait été éclairé par la lampe des hôtes de la tour de Vygla.

A ces mots, indiquant la porte du geste, elle s'avança vers les deux voyageurs. Le vieux tremblait de tous ses membres, et regardait d'un air suppliant le jeune, lequel, n'ayant rien compris aux paroles de la grande femme, à cause de l'extrême volubilité de son débit, la croyait folle, et ne se sentait d'ailleurs nullement disposé à retourner sous la pluie, qui continuait de tomber à grand bruit.

— Par ma foi, notre bonne hôtesse, vous venez de nous peindre un personnage singulier, avec lequel je ne veux pas perdre l'occasion de faire connaissance.

— La connaissance avec lui, jeune homme, est bientôt faite, et plus tôt terminée. Si votre démon vous y pousse, allez assassiner un vivant ou profaner un mort.

— Profaner un mort! répéta le vieillard d'une voix tremblante et se cachant dans l'ombre de son compagnon.

— Je ne comprends guère, dit celui-ci, vos moyens, au moins très-indirects; il est plus court de rester ici. Il faudrait être fou pour continuer sa route par un pareil temps.

— Mais bien plus fou encore, murmura le vieillard, pour s'abriter contre un pareil temps dans un pareil lieu.

— Malheureux! s'écria la femme, ne frappez pas au seuil de celui qui ne sait ouvrir d'autre porte que celle du sépulcre.

— Dût la porte du sépulcre s'ouvrir en effet pour moi avec la vôtre, femme, il ne sera pas dit que j'aurai reculé devant une parole sinistre. Mon sabre me répond de tout. Allons, fermez la tour, car le vent est froid, et prenez cet or.

— Eh! que me fait votre or? reprit l'hôtesse; précieux dans vos mains, il deviendra dans les miennes plus vil que l'étain. Eh bien! restez donc pour de l'or. Il peut garantir des orages du ciel, il ne sauve pas du mépris des hommes. Restez; vous payez l'hospitalité plus cher qu'on ne paye un meurtre. Attendez-moi un instant ici, et donnez-moi votre or. Oui, c'est la première fois que les mains d'un homme entrent ici chargées d'or sans être souillées de sang.

Alors, après avoir déposé sa lampe et barricadé la porte, elle disparut sous la voûte d'un escalier noir, percé dans le fond de la salle.

Tandis que le vieillard frissonnait, et, invoquant sous tous ses noms le glorieux saint Hospice, maudissait de bon cœur, mais à voix basse, l'imprudence de son jeune compagnon, celui-ci prit la lumière, et se mit à parcourir la grande pièce circulaire où ils se trouvaient. Ce qu'il vit en approchant de la muraille le fit tressaillir ; et le vieillard, qui l'avait suivi du regard, s'écria :

— Grand Dieu ! maître ! une potence !

Une grande potence était en effet appuyée au mur, et atteignait au cintre de la voûte haute et humide.

— Oui, dit le jeune homme, et voici des scies de bois et de fer, des chaînes, des carcans; voici un chevalet et de grandes tenailles suspendues au-dessus.

— Grands saints du paradis ! s'écria le vieillard, où sommes-nous?

Le jeune homme poursuivit froidement son examen.

— Ceci est un rouleau de corde de chanvre ; voilà des fourneaux et des chaudières ; cette partie de la muraille est tapissée de pinces et de scalpels ; voici des fouets de cuir garnis de pointes d'acier, une hache, une masse...

— C'est donc ici le garde-meuble de l'enfer ! interrompit le vieillard, épouvanté de cette terrible énumération.

— Voici, continua l'autre, des siphons en cuivre, des roues à dents de bronze, une caisse de grands clous, un cric... En vérité, ce sont de sinistres ameublements. Vieillard, je regrette que mon imprévoyance vous ait amené ici avec moi.

— Vraiment, il est bien temps.

Le vieillard était plus mort que vif.

— Ne vous effrayez pas ; qu'importe le lieu où vous êtes? j'y suis avec vous.

— Belle défense ! murmura le vieillard, chez qui une grande terreur affaiblissait la crainte et le respect pour son jeune compagnon ; un sabre de trente pouces contre une potence de trente coudées !

La grande femme rouge reparut, et, reprenant la lampe

de fer, fit signe aux voyageurs de la suivre. Ils montèrent avec précaution un escalier étroit et dégradé pratiqué dans l'épaisseur du mur de la tour. A chaque meurtrière, une bouffée de vent et de pluie venait menacer la flamme tremblante de la lampe, que l'hôtesse couvrait de ses mains longues et diaphanes. Ce ne fut pas sans avoir plus d'une fois trébuché sur des pierres roulantes, que l'imagination alarmée du vieillard prenait pour des os humains épars sur les degrés, qu'ils arrivèrent au premier étage de l'édifice, dans une salle ronde pareille à la salle inférieure. Au milieu, suivant l'usage gothique, brillait un vaste foyer, dont la fumée s'échappait par une ouverture percée dans le plafond, non sans obscurcir très-sensiblement l'atmosphère de la salle, et dont la lumière, jointe à celle de la lampe de fer, avait été aperçue des deux voyageurs sur le chemin. Une broche, chargée de viande encore fraiche, tournait devant le feu. Le vieillard se détourna avec horreur.

— C'est à ce foyer exécrable, dit-il à son compagnon, que la braise de la vraie croix a consumé les membres d'une sainte.

Une table grossière était placée à quelque distance du foyer. La femme invita les voyageurs à s'y asseoir.

— Etrangers, dit-elle en plaçant la lampe devant eux, le souper sera bientôt prêt, et mon mari va sans doute se hâter d'arriver, de peur que l'esprit de minuit ne l'emporte en passant près de la Tour-Maudite.

Alors Ordener — car le lecteur a sans doute déjà deviné que c'était lui et son guide Benignus Spiagudry — put examiner à son aise le déguisement bizarre pour lequel ce dernier avait épuisé toutes les ressources de son imagination fécondée par la peur d'être reconnu et repris. Le pauvre concierge fugitif avait échangé ses habits de cuir de renne contre un vêtement noir complet, laissé jadis dans le Spladgest par un célèbre grammairien de Drontheim, qui s'était noyé du désespoir de n'avoir pu trouver pourquoi *Jupiter* donnait *Jovis* au génitif. Ses sabots de coudrier avaient fait place aux bottes fortes d'un postillon écrasé par ses chevaux, dans lesquelles ses jambes fluettes étaient tellement à l'aise, qu'il n'aurait pu marcher sans le secours d'une demi-botte de foin. La vaste perruque d'un jeune et élégant voyageur français assassiné par des voleurs aux portes de Drontheim cachait sa calvitie, et flottait sur ses épaules pointues et inégales. L'un de ses yeux était couvert d'un emplâtre, et, grâce à un pot de fard qu'il avait trouvé dans les poches d'une vieille fille morte d'amour, ses joues pâles et creuses s'étaient revêtues d'un vermillon insolite, agrément auquel la pluie avait fait participer jusqu'à son menton. Avant de s'asseoir, il plaça soigneusement sous lui le paquet qu'il portait sur son dos, s'enveloppa de son vieux manteau, et, tandis qu'il absorbait toute l'attention de son compagnon, la sienne paraissait entièrement concentrée sur le rôti que surveillait l'hôtesse, et vers lequel il lançait de temps en temps des regards d'inquiétude et d'horreur. Sa bouche laissait par intervalles échapper des mots entrecoupés : — Chair humaine !... *horrendas epulas !...* — Anthropophages !... — Souper de Moloch !... — *Nec pueros coram populo Medea trucidet...* — Où sommes-nous ? Atrée... — Druidesse... — Irmensul... Le diable a foudroyé Lycaon...

Enfin il s'écria :

— Juste ciel ! Dieu merci ! j'aperçois une queue !

Ordener, qui, l'ayant considéré et écouté attentivement, avait à peu près suivi le fil de ses idées, ne put s'empêcher de sourire : — Cette queue n'a rien de rassurant. C'est peut-être un quartier du diable.

Spiagudry n'entendit pas cette plaisanterie ; son regard s'était attaché au fond de la salle. Il tressaillit et se pencha à l'oreille d'Ordener.

— Maître, regardez là, au fond, sur ce tas de paille; dans l'ombre...

— Eh bien? dit Ordener.

— Trois corps nus et immobiles... trois cadavres d'enfants!...

— On frappe à la porte de la tour! s'écria la femme rouge, accroupie près du foyer.

En effet, un coup suivi de deux autres plus forts s'était fait entendre dans le bruit de l'orage toujours croissant.

— C'est enfin lui! c'est Nychol! et, prenant la lampe, l'hôtesse descendit précipitamment.

Les deux voyageurs n'avaient pas encore repris leur conversation quand ils entendirent dans la salle basse un bruit confus de voix, au milieu duquel s'élevèrent enfin ces paroles prononcées avec un accent qui fit tressaillir et trembler Spiagudry :

— Femme, tais-toi, nous resterons. Le tonnerre entre sans qu'on lui ouvre la porte.

Spiagudry se serra contre Ordener.

— Maître! maître! dit-il faiblement, malheur à nous!...

Un tumulte de pas se fit entendre dans l'escalier, puis deux hommes, revêtus d'habits religieux, entrèrent dans la salle, suivis de l'hôtesse effarée.

L'un de ces hommes était assez grand, et portait l'habit noir et la chevelure ronde des ministres luthériens; l'autre, de petite taille, avait une robe d'ermite nouée d'une ceinture de corde. Le capuchon, rabattu sur son visage, ne laissait apercevoir que sa longue barbe noire, et ses mains étaient entièrement cachées sous les larges manches de sa robe.

A l'aspect de ces deux personnages pacifiques, Spiagudry sentit s'évanouir la terreur que la voix étrange de l'un d'eux lui avait causée.

— Ne vous alarmez pas, chère dame, disait le ministre

à l'hôtesse, des prêtres chrétiens se rendent utiles à qui leur nuit; voudraient-ils nuire à qui leur est utile? Nous implorons humblement un abri. Si le révérend docteur qui m'accompagne vous a parlé durement tout à l'heure, il a eu tort d'oublier cette modération de la voix recommandée par nos vœux. Hélas! les plus saints peuvent faillir. J'étais égaré sur la route de Skongen à Drontheim, sans guide dans la nuit, sans asile dans la tempête. Ce révérend frère, que j'ai rencontré, éloigné comme moi de sa demeure, a daigné me permettre de venir avec lui vers la vôtre. Il m'avait vanté votre bonté hospitalière, chère dame; sans doute il ne s'est pas trompé. Ne nous dites pas, comme le mauvais pasteur: *Advena, cur intras?* Accueillez-nous, digne hôtesse, et Dieu sauvera vos moissons de l'orage, Dieu donnera dans la tempête un abri à vos troupeaux, comme vous en aurez donné un aux voyageurs égarés!

— Vieillard, interrompit la femme d'une voix farouche, je n'ai ni moissons ni troupeaux.

— Eh bien! si vous êtes pauvre, Dieu bénit le pauvre avant le riche. Vous vieillirez avec votre époux, respectés, non pour vos biens, mais pour vos vertus; vos enfants croîtront, entourés de l'estime des hommes, et seront ce qu'aura été leur père...—

— Taisez-vous! cria l'hôtesse. C'est en restant ce que nous sommes que nos enfants vieilliront comme nous dans le mépris des hommes, transmis sur notre race de génération en génération. Taisez-vous, vieillard! La bénédiction se tourne en malédiction sur nos têtes.

— O ciel! reprit le ministre, qui donc êtes-vous? dans quels crimes passez-vous votre vie?

— Qu'appelez-vous crimes? qu'appelez-vous vertus? Nous jouissons ici d'un privilége: nous ne pouvons avoir de vertus ni commettre de crimes.

— La raison de cette femme est égarée, dit le ministre se tournant vers le petit ermite qui séchait sa robe de bure devant le foyer.

— Non, prêtre ! répliqua la femme, sachez où vous êtes. J'aime mieux faire horreur que pitié. Je ne suis pas une insensée, mais la femme du... —

Le retentissement prolongé de la porte de la tour sous un coup violent empêcha d'entendre le reste, au grand désappointement de Spiagudry et d'Ordener, qui avaient prêté une attention muette à ce dialogue.

— Maudit soit, dit la femme rouge entre ses dents, le syndic haut justicier de Skongen, qui nous a assigné pour demeure cette tour voisine de la route ! peut-être n'est-ce pas encore Nychol.

Elle prit néanmoins la lampe. — Après tout, si c'est encore un voyageur, qu'importe ! le ruisseau peut couler où le torrent a passé.

Les quatre voyageurs restés seuls s'entre-regardaient aux lueurs du foyer. Spiagudry, d'abord épouvanté par la voix de l'ermite, et rassuré ensuite par sa barbe noire, eût peut-être recommencé à trembler s'il eût vu de quel œil perçant celui-ci l'observait en dessous de son capuchon.

Dans le silence général, le ministre hasarda une question :

— Frère ermite, je présume que vous êtes un des prêtres catholiques échappés à la dernière persécution, et que vous regagniez votre retraite lorsque, pour mon bonheur, je vous ai rencontré ; pourriez-vous me dire où nous sommes ?

La porte délabrée de l'escalier en ruines se rouvrit avant que le frère ermite eût répondu.

— Femme, vienne un orage, et il y aura foule pour s'asseoir à notre table exécrée et s'abriter sous notre toit maudit.

— Nychol, répondit la femme, je n'ai pu empêcher...

— Et qu'importe tous ces hôtes, pourvu qu'ils payent! l'or est tout aussi bien gagné en hébergeant un voyageur qu'en étranglant un brigand.

Celui qui parlait ainsi s'était arrêté devant la porte, où les quatre étrangers pouvaient le contempler à leur aise. C'était un homme de proportions colossales, vêtu, comme l'hôtesse, de serge rouge. Son énorme tête paraissait immédiatement posée sur ses larges épaules, ce qui contrastait avec le cou long et osseux de sa gracieuse épouse. Il avait le front bas, le nez camard, les sourcils épais; ses yeux, entourés d'un ligne de pourpre, brillaient comme du feu dans du sang. Le bas de son visage, entièrement rasé, laissait voir sa bouche grande et profonde, dont un rire hideux entr'ouvrait les lèvres noires comme les bords d'une plaie incurable. Deux touffes de barbe crépue, pendantes de ses joues sur son cou, donnaient à sa figure, vue de face, une forme carrée. Cet homme était coiffé d'un feutre gris, sur lequel ruisselait la pluie, et dont sa main n'avait seulement pas daigné toucher le bord à l'aspect des quatre voyageurs.

En l'apercevant, Benignus Spiagudry poussa un cri d'épouvante, et le ministre luthérien se détourna frappé de surprise et d'horreur, tandis que le maître du logis, qui l'avait reconnu, lui adressait la parole.

— Comment, vous voilà! seigneur ministre! en vérité, je ne croyais pas avoir l'amusement de revoir aujourd'hui votre air piteux et votre mine effarouchée.

Le prêtre réprima son premier mouvement de répugnance. Ses traits devinrent graves et sereins.

— Et moi, mon fils, je m'applaudis du hasard qui a amené le pasteur vers la brebis égarée, afin, sans doute, que la brebis revînt enfin au pasteur.

— Ah! par le gibet d'Aman, reprit l'autre en éclatant

de rire, voilà la première fois que je m'entends comparer à une brebis. Croyez-moi, père, si vous voulez flatter le vautour, ne l'appelez pas pigeon.

— Celui par lequel le vautour devient colombe console, mon fils, et ne flatte pas. Vous croyez que je vous crains, et je ne fais que vous plaindre.

— Il faut, en vérité, messire, que vous ayez bonne provision de pitié ; j'aurais pensé que vous l'aviez épuisée tout entière sur ce pauvre diable, auquel vous montriez aujourd'hui votre croix pour lui cacher ma potence.

— Cet infortuné, répondit le prêtre, était moins à plaindre que vous ; car il pleurait, et vous riiez. Heureux qui reconnaît, au moment de l'expiation, combien le bras de l'homme est moins puissant que la parole de Dieu !

— Bien dit, père, reprit l'hôte avec une horrible et ironique gaieté. Heureux celui qui pleure. Notre homme d'aujourd'hui, d'ailleurs, n'avait d'autre crime que d'aimer tellement le roi, qu'il ne pouvait vivre sans faire le portrait de Sa Majesté sur de petites médailles de cuivre, qu'il dorait ensuite artistement pour les rendre plus dignes de la royale effigie. Notre gracieux souverain n'a pas été ingrat, et lui a donné en récompense de tant d'amour un beau cordon de chanvre, qui, pour l'instruction de mes dignes hôtes, lui a été conféré ce jour même sur la place publique de Skongen, par moi, grand chancelier de l'ordre du Gibet, assisté de messire, ici présent, grand aumônier dudit ordre.

— Malheureux, arrêtez ! interrompit le prêtre. Comment celui qui châtie oublie-t-il le châtiment ? Écoutez le tonnerre... —

— Eh bien ! qu'est-ce que le tonnerre ? un éclat de rire de Satan.

— Grand Dieu ! il vient d'assister à la mort, et il blasphème !...

— Trêve aux sermons! vieux insensé, cria l'hôte d'une voix tonnante et presque irritée, sinon vous pourriez maudire l'ange des ténèbres qui nous a réunis deux fois en douze heures dans la même voiture et sous le même toit. — Imitez votre camarade l'ermite, qui se tait, car il a bonne envie de retourner dans sa grotte de Lynrass. Je vous remercie, frère ermite, de la bénédiction que tous les matins, à votre passage sur la colline, je vous vois donner à la Tour-Maudite; mais, en vérité, jusqu'ici vous m'aviez semblé de haute taille, et cette barbe si noire m'avait paru blanche. — Vous êtes bien cependant l'ermite de Lynrass, le seul ermite de Drontheimhus?...

— Je suis en effet le seul, dit l'ermite d'une voix sourde.

— Nous sommes donc, reprit l'hôte, les deux solitaires de la province. — Holà! Bechlie, hâte un peu ce quartier d'agneau, car j'ai faim. J'ai été retardé, au village de Burlock, par ce maudit docteur Manryll, qui ne voulait me donner que douze ascalins du cadavre; on en donne quarante à cet infernal gardien du Spladgest, à Drontheim.

— Hé! messire de la perruque, qu'avez-vous donc? vous allez tomber à la renverse. — A propos, Bechlie, as-tu terminé le squelette de l'empoisonneur Orgivius, ce fameux magicien? Il serait temps de l'envoyer au cabinet de curiosité de Berghen. As-tu dépêché l'un de tes petits marcassins au syndic de Lœvig pour réclamer ce qu'il me doit? quatre doubles écus pour avoir fait bouillir une sorcière et deux alchimistes, et enlevé plusieurs chaînes des poutres de la salle de son tribunal, qu'elles déparaient; vingt ascalins pour avoir dépendu Ismaël Typhaine, juif dont s'était plaint le révérend évêque, et un écu pour avoir remis un bras de bois neuf à la potence de pierre du bourg.

— Le salaire, répondit la femme d'une voix aigre, est resté dans les mains du syndic, parce que ton fils avait oublié la cuiller de bois pour le recevoir, et qu'aucun valet du juge n'a voulu le lui remettre en main propre.

Le mari fronça le sourcil.

— Que leur cou me tombe entre les mains, ils verront si j'aurai besoin d'une cuiller de bois pour les toucher. Il faut pourtant ménager ce syndic. C'est à lui qu'est renvoyée la requête du voleur Ivar, qui se plaint de ce que la question lui a été donnée, non par un tortionnaire, mais par moi, alléguant que, n'ayant pas encore été jugé, il n'est pas encore infâme. — A propos, femme, empêche donc tes petits de jouer avec mes tenailles et mes pinces; ils ont dérangé tous mes instruments, si bien que je n'ai pu m'en servir aujourd'hui. — Où sont-ils, ces petits monstres, continua l'hôte en s'approchant du tas de paille où Spiagudry avait cru voir trois cadavres? les voilà couchés là, ils dorment, malgré le bruit, comme trois dépendus.

A ces paroles, dont l'horreur contrastait avec la tranquillité effrayante et l'atroce gaieté de celui qui les prononçait, le lecteur a peut-être déjà deviné quel est l'habitant de la tour de Vygla. Spiagudry, qui, dès son apparition, le reconnut pour l'avoir vu figurer souvent dans de sinistres cérémonies sur la place de Drontheim, se sentit près de défaillir d'épouvante, en songeant surtout au motif personnel qu'il avait depuis la veille pour craindre ce terrible fonctionnaire. Il se pencha vers Ordener et lui dit d'une voix presque inarticulée : *C'est Nychol Orugix, bourreau du Drontheimhus!* Ordener, d'abord frappé d'horreur, tressaillit et regretta la route et la tempête. Mais bientôt je ne sais quel sentiment de curiosité indéfinissable s'empara de lui, et, tout en plaignant l'embarras et l'épouvante de son vieux guide, il prêtait son attention entière aux paroles et à l'habitude de vie de l'être singulier qu'il avait sous les yeux, comme on écoute avidement le grondement d'une hyène ou le rugissement d'un tigre amené du désert dans nos villes. Le pauvre Benignus était loin d'avoir l'esprit assez libre pour faire de son côté des observations psychologiques. Caché derrière Ordener, il se ramassait dans son manteau, portait une main inquiète à son emplâtre, attirait sur son visage le derrière de sa perruque flottante, et ne respirait que par gros soupirs.

Cependant l'hôtesse avait servi sur un grand plat de terre le quartier d'agneau rôti, pourvu de sa queue rassurante. Le bourreau vint s'asseoir en face d'Ordener et de Spiagudry, entre les deux prêtres; et sa femme, après avoir chargé la table d'une cruche de bière miellée, d'un morceau de *rindebrod* (1) et de cinq assiettes de bois, s'assit devant le feu, et s'occupa d'aiguiser les pinces ébréchées de son mari.

— Çà, révérend ministre, dit Orugix en riant, la brebis vous offre de l'agneau. Et vous, seigneur de la perruque, est-ce le vent qui a ainsi ramené votre coiffure sur votre visage ?

—Le vent,... seigneur, l'orage,... balbutia le tremblant Spiagudry.

— Allons, enhardissez-vous, mon vieux. Vous voyez que les seigneurs prêtres et moi nous sommes bons diables. Dites-nous qui vous êtes et quel est votre jeune compagnon le taciturne, et parlez un peu. Faisons connaissance. Si vos discours tiennent tout ce que promet votre vue, vous devez être bien amusant.

— Le maître plaisante, dit le concierge contractant ses lèvres, montrant ses dents et clignant son œil pour avoir l'air de rire; je ne suis qu'un pauvre vieux...

— Oui, interrompit le jovial bourreau, quelque vieux savant, quelque vieux sorcier...

(1) Pain d'écorce dont se nourrit la classe indigente en Norwége.

— Oh! seigneur maître, savant, oui; sorcier, non.

— Tant pis. Un sorcier compléterait notre joyeux *sanhédrin.* — Seigneurs mes hôtes, buvons pour rendre la parole à ce vieux savant, qui va égayer notre souper. A la santé du pendu d'aujourd'hui, frère prédicateur! Eh bien! père ermite, vous refusez ma bière?

L'ermite avait en effet tiré de dessous sa robe une grande gourde pleine d'une eau très-claire, dont il remplit son verre.

— Parbleu! ermite de Lynrass, s'écria le bourreau, si vous ne goûtez pas de ma bière, je goûterai de cette eau que vous lui préférez.

— Soit, répondit l'ermite.

— Otez d'abord votre gant, révérend frère, répliqua le bourreau; on ne verse à boire qu'à main nue.

L'ermite fit un signe de refus.

— C'est un vœu, dit-il.

— Versez donc toujours, dit le bourreau.

A peine Orugix eut-il porté son verre à ses lèvres, qu'il le repoussa brusquement, tandis que l'ermite vidait le sien d'un trait.

— Par le calice de Jésus, révérend ermite, quelle est cette liqueur infernale? je n'en ai point bu de pareille depuis le jour où je faillis me noyer dans ma navigation de Copenhague à Drontheim. En verité, ermite, ce n'est pas de l'eau de la source de Lynrass; c'est de l'eau de mer...

— De l'eau de mer! répéta Spiagudry avec une épouvante qu'augmentait la vue du gant de l'ermite.

— Eh bien! dit le bourreau se tournant vers lui avec un éclat de rire, tout vous alarme donc ici, mon vieux Absalon, jusqu'à la boisson même d'un saint cénobite qui se mortifie?

— Hélas! non, maître... Mais de l'eau de mer... il n'y qu'un homme...

— Allons, vous ne savez que dire, sire docteur; votre trouble parmi nous vient d'une mauvaise conscience ou du mépris...

Ces mots, prononcés d'un ton d'humeur, ramenèrent Spiagudry à la nécessité de dissimuler sa terreur. Pour amadouer son véritable hôte, il appela à son secours sa vaste mémoire, et rallia le peu de présence d'esprit qui lui restait.

— Du mépris, moi, du mépris pour vous, seigneur maître, pour vous, dont la présence dans une province donne à cette province le *merum imperium* (1)! pour vous, maître des hautes-œuvres, exécuteur de la vindicte séculière, épée de la justice, bouclier de l'innocence! pour vous, qu'Aristote, livre six, chapitre dernier de ses *Politiques*, classe parmi les *magistrats*, et dont Paris de Puteo, dans son traité *de Syndico*, fixe le traitement à cinq écus d'or, comme l'atteste ce passage: *Quinque aureos manivolto!* pour vous, seigneur, dont les confrères à Cronstadt acquièrent la noblesse après trois cents têtes coupées! pour vous, dont les terribles mais honorables fonctions sont remplies avec orgueil, en Franconie, par le plus nouveau marié; à Reutlingue, par le plus jeune conseiller; à Stedien, par le dernier bourgeois installé! Et ne sais-je pas encore, mon bon maître, que vos confrères ont en France droit de *havadium* sur chaque malade de Saint-Ladre, sur les pourceaux et sur les gâteaux de la veille de l'Epiphanie! Comment n'aurais-je pas un profond respect pour vous, quand l'abbé de Saint-Germain-des-Prés vous donne chaque année, à la Saint-Vincent, une tête de porc, et vous fait marcher en tête de sa procession!...

Ici la verve érudite du concierge fut brusquement interrompue par le bourreau.

(1) *Droit de sang*, d'avoir un bourreau.

— C'est par ma foi la première nouvelle que j'en ai ! Le docte abbé dont vous parlez, révérend, m'a jusqu'à présent fraudé de tous ces beaux droits que vous peignez d'une façon si séduisante. — Sires étrangers, poursuivit Orugix, sans m'arrêter à toutes les extravagances de ce vieux fou, il est vrai que j'ai manqué ma carrière. Je ne suis aujourd'hui que le pauvre bourreau d'une pauvre province. Eh bien ! j'aurais dû certes faire un plus beau chemin que Stillison Dickoy, ce fameux bourreau de Moscovie. Croiriez-vous que je suis le même qui fut désigné, il y a vingt-quatre ans, pour l'exécution de Schumacker !

— De Schumacker ! du comte de Griffenfeld ! s'écria Ordener.

— Cela vous étonne, seigneur le muet ? Eh bien ! oui, de ce même Schumacker qu'un singulier hasard replace encore sous ma main, dans le cas où il plairait au roi de lever le sursis. — Vidons cette cruche, messires, et je vais vous conter comment il se fait qu'après avoir débuté avec tant d'éclat je finisse si misérablement.

— J'étais, en 1676, valet de Rhum Stuald, bourreau royal de Copenhague. Lors de la condamnation du comte de Griffenfeld, mon maître étant tombé malade, je fus, grâce à mes protections, choisi pour le remplacer dans cette honorable exécution. Le 5 juin, — je n'oublierai jamais ce jour, — dès cinq heures du matin, aidé du maître des basses-œuvres (1), je dressai, sur la place de la Citadelle, un grand échafaud que nous tendîmes de noir, par respect pour le rang du condamné. A huit heures, la garde-noble entoura l'échafaud, et les hulans de Slesvig continrent la foule qui se pressait sur la place. Quel autre à ma place n'eût été enivré ? Debout, et le sabre en main, j'attendais sur l'estrade. Tous les regards étaient fixés sur moi.

(1) Charpentier des échafauds.

j'étais en ce moment le personnage le plus important des deux royaumes. Ma fortune, disais-je, est faite, car que pourraient sans moi tous ces grands seigneurs qui ont juré la perte du chancelier? Je me voyais déjà exécuteur royal en titre de la capitale; j'avais des valets, des priviléges... Ecoutez! l'horloge du fort sonne dix heures. Le condamné sort de sa prison, traverse la place, monte à l'échafaud d'un pas ferme et d'un air tranquille. Je veux lui lier les cheveux; il me repousse, et se rend à lui-même ce dernier service. « Il y avait longtemps, dit-il en souriant au prieur de Saint-André, que je ne m'étais coiffé moi-même. » Je lui offre le bandeau noir, il l'éloigne de ses yeux avec dédain, mais sans me marquer de mépris. — « Mon ami, me dit-il, voilà peut-être la première fois qu'un espace de quelques pieds rassemble les deux officiers extrêmes de l'ordre judiciaire, le chancelier et le bourreau. » Ces paroles sont restées gravées dans ma tête. Il refuse encore le coussin noir que je voulais mettre sous ses genoux, embrasse le prêtre et s'agenouille, après avoir dit d'une voix forte qu'il mourait innocent. Alors je brisai d'un coup de masse l'écusson de ses armoiries, en criant, comme de coutume : *Cela ne se fait pas sans juste cause.* Cet affront ébranla la fermeté du comte : il pâlit; mais il se hâta de dire : *Le roi me les a données; le roi peut me les ôter.* Il appuya sa tête sur le billot, les yeux tournés vers l'est; et moi je levai mon sabre des deux mains... Ecoutez bien! — En ce moment un cri arrive jusqu'à moi. — *Grâce, au nom du roi! grâce pour Schumacker!* Je me retourne. C'était un aide de camp qui galopait vers l'échafaud en agitant un parchemin. Le comte se relève d'un air, non joyeux, mais seulement satisfait. Le parchemin lui est remis. — « Juste Dieu! s'écrie-t-il; la prison perpétuelle! leur grâce est plus dure que la mort. » Il descend, abattu comme un voleur, de l'échafaud où il était monté serein.

Pour moi, cela m'était égal. Je ne me doutais guère que le salut de cet homme était ma perte. Après avoir démoli l'échafaud, je rentre chez mon maître, encore plein d'espérances, quoiqu'un peu désappointé d'avoir perdu l'écu d'or, prix de la chute de la tête. Ce n'était pas tout. Le lendemain je reçois un ordre de départ et un diplôme d'exécuteur provincial pour le Drontheimhus! Bourreau de province, et de la dernière province de Norwége! Or, sachez, messires, comment de petites causes amènent de grands effets. Les ennemis du comte, afin de se donner un air de clémence, avaient tout disposé pour que la grâce arrivât un moment après l'exécution. Il s'en fallut d'une minute : on s'en prit à ma lenteur, comme s'il eût été décent d'empêcher un personnage illustre de s'amuser quelques instants avant le dernier! comme si un exécuteur royal qui décapite un grand chancelier pouvait le faire sans plus de dignité et de mesure qu'un bourreau de province qui pend un juif! A cela se joignit la malveillance. J'avais un frère, que même je crois avoir encore; il était parvenu, en changeant de nom, dans la maison du nouveau chancelier, le comte d'Ahlefeld. A Copenhague, ma présence importuna le misérable. Mon frère me méprise, parce que ce sera peut-être moi qui le pendrai un jour.

Ici le disert narrateur s'interrompit pour donner passage à sa gaieté, puis il continua :

— Vous voyez, chers hôtes, que j'ai pris mon parti. Ma foi, au diable l'ambition ! j'exerce ici honnêtement mon métier : je vends mes cadavres, ou Bechlie en fait des squelettes, que m'achète le cabinet d'anatomie de Berghen. Je ris de tout, même de cette pauvre femelle qui a été bohémienne et que la solitude rend folle. Mes trois héritiers grandissent dans la crainte du diable et de la potence. Mon nom est l'épouvantail des petits enfants du Drontheimhus. Les syndics me fournissent une charrette et des habits rouges. La Tour-Maudite me garantit de la pluie comme ferait le palais de l'évêque. Les vieux prêtres que l'orage pousse chez moi me prêchent, les savants me flagornent. En somme, je suis aussi heureux qu'un autre : je bois, je mange, je pends et je dors.

Le bourreau n'avait pas mené à fin ce long discours sans l'entremêler de bière et de bruyantes explosions de rire.

— Il tue, et il dort! murmura le ministre: l'infortuné!

— Que ce misérable est heureux! s'écria l'ermite.

— Oui, frère ermite, dit le bourreau, misérable comme vous, mais certes plus heureux. Tenez, le métier serait bon si l'on ne semblait prendre plaisir à en ruiner les bénéfices. Croiriez-vous que je ne sais quelles fameuses noces ont fourni à l'aumônier nouvellement nommé de Drontheim l'occasion de demander la grâce de douze condamnés qui m'appartiennent?...

— Qui vous appartiennent! s'écria le ministre.

— Oui, sans doute, père. Sept d'entre eux devraient être fouettés, deux marqués sur la joue gauche, et trois pendus, ce qui fait en somme douze... Oui, douze écus, et trente ascalins, que je perds si la grâce est accordée : comment trouvez-vous, sires étrangers, cet aumônier qui dispose ainsi de mon bien? Ce maudit prêtre s'appelle Athanase Munder. Oh! si je le tenais!...

Le ministre se leva, et dit d'une voix égale et d'un air tranquille :

— Mon fils, c'est moi qui suis Athanase Munder.

A ce nom, la colère s'alluma dans tous les traits d'Orugix, il s'élança brusquement de son siége. — Puis son regard irrité rencontra le regard calme et bienveillant de l'aumônier, et il vint se rasseoir lentement, muet et confus.

Il se fit un moment de silence; Ordener, qui s'était

levé de table prêt à défendre le prêtre, le rompit le premier.

— Nychol Orugix, dit-il, voici treize écus pour vous dédommager de la grâce des condamnés...

— Hélas! interrompit le ministre, qui sait si je l'obtiendrai? il faudrait que je pusse parler au fils du vice-roi, car cela dépend de son mariage avec la fille du chancelier.

— Seigneur aumônier, répondit le jeune homme d'une voix ferme, vous l'obtiendrez. Ordener Guldenlew ne recevra pas l'anneau nuptial, que les fers de vos protégés ne soient rompus.

— Jeune étranger, vous n'y pouvez rien; mais Dieu vous entende et vous récompense!

Cependant, les treize écus d'Ordener avaient achevé ce que le regard du prêtre avait commencé. Nychol, entièrement apaisé, avait repris sa gaieté.

— Tenez, révérend aumônier, vous êtes un brave homme, digne de desservir la chapelle de Saint-Hilarion; j'en disais de vous plus que je n'en pensais. Vous marchez droit dans votre sentier, ce n'est pas votre faute s'il croise le mien. Mais celui auquel j'en veux, c'est le gardien des morts de Drontheim, ce vieux magicien, concierge du Spladgest... quel est son nom déjà? Spliugry?... Spadugry?... Dites-moi, mon vieux docteur, vous qui êtes une Babel de science, vous qui connaissez tout, vous ne pourriez pas m'aider à trouver le nom de ce sorcier, votre confrère?... Vous avez dû le rencontrer quelquefois, les jours de sabbat, chevauchant en l'air sur un balai?

Certes, si le pauvre Benignus avait pu s'enfuir en ce moment sur quelque monture aérienne de ce genre, le narrateur de cette histoire ne doute pas qu'il ne lui eût confié avec bien de la joie sa frêle machine épouvantée. Jamais l'amour de la vie ne s'était développé avec autant de force chez lui que depuis qu'il percevait de tous ses organes l'imminence du danger. Tout ce qu'il voyait l'effrayait; les souvenirs de la Tour-Maudite, l'œil hagard de la femme rouge, la voix, les gants et la boisson du mystérieux ermite, l'aventurière intrépidité de son jeune compagnon, et, par-dessus tout, le bourreau ; ce bourreau dans le repaire duquel il tombait en fuyant chargé d'un crime. Il tremblait si fort, que tout mouvement volontaire était chez lui paralysé, surtout lorsqu'il vit la conversation se tourner sur lui, et qu'il entendit l'apostrophe du formidable Orugix. Comme il ne se souciait guère d'imiter l'héroïsme du prêtre, sa langue embarrassée se refusa assez longtemps à répondre.

— Eh bien! reprit le bourreau, savez-vous le nom de ce concierge du Spladgest? Est-ce que votre perruque vous rend sourd?

— Un peu, seigneur... — Mais, dit-il enfin, je ne sais pas ce nom, je vous jure.

— Il ne le sait pas! dit la voix redoutée de l'ermite. Il a tort d'en faire serment. Cet homme se nomme Benignus Spiagudry.

— Moi! moi! grand Dieu! s'écria le vieillard avec terreur.

Le bourreau éclata de rire.

— Et qui vous dit que c'est vous? c'est de ce païen de concierge que nous parlons. En vérité ce pédagogue s'effraye de rien. Que serait-ce donc si ces grimaces si drôles avaient une cause sérieuse? Ce vieux fou serait amusant à pendre. — Ainsi, vénérable docteur, poursuivit le bourreau, que les terreurs de Spiagudry égayaient, vous ne connaissez pas ce Benignus Spiagudry?

— Non, maître, dit le concierge un peu rassuré par son *incognito*, je ne le connais pas, je vous assure. Et, puisqu'il a le malheur de vous déplaire, je serais, maître, bien fâché, vraiment, de connaître cet homme.

— Et vous, seigneur ermite, reprit Orugix, vous paraissez le connaître ?

— Oui, vraiment, répondit l'ermite. C'est un homme grand, vieux, sec, chauve... —

Spiagudry, justement alarmé de cette prosopographie, raffermit en hâte sa perruque.

— Il a, continua l'ermite, les mains longues comme celles d'un voleur qui n'a pas rencontré de voyageurs depuis huit jours, le dos courbé... —

Spiagudry se redressa de son mieux.

— Du reste, on pourrait le prendre pour un des cadavres qu'il garde, s'il n'avait les yeux aussi perçants... —

Spiagudry porta la main à son emplâtre protecteur.

— Merci, père, dit le bourreau à l'ermite; en quelque lieu que je le trouve, je reconnaîtrai maintenant le vieux juif... —

Spiagudry, qui était très-bon chrétien, révolté de cette intolérable injure, ne put réprimer une exclamation.

— Juif, maître !... Puis il s'arrêta tout court, tremblant d'en avoir trop dit.

— Eh bien ! juif ou païen, qu'importe, s'il a des relations avec le diable, comme on le dit !

— Je le croirais volontiers, reprit l'ermite avec un sourire sardonique que son capuchon ne cachait pas entièrement, s'il n'était pas si poltron. Mais comment pourrait-il pactiser avec Satan ? il est aussi lâche que méchant. Quand la peur le prend, il ne se connaît plus.

L'ermite parlait lentement, comme s'il eût composé sa voix; et la lenteur même de ses paroles leur donnait une expression singulière.

— *Il ne se connaît plus !* répéta intérieurement Spiagudry.

— Je suis fâché qu'un méchant soit lâche, dit le bour

reau ; il ne vaut pas la peine d'être haï. Il faut combattre un serpent, on ne peut qu'écraser un lézard.

Spiagudry hasarda quelques paroles pour sa défense.

— Mais, seigneurs, êtes-vous sûrs que l'officier public dont vous parlez soit tel que vous le dites ? A-t-il donc une réputation ?...

— Une réputation ! reprit l'ermite ; la plus exécrable réputation de la province !

Benignus, désappointé, se tourna vers le bourreau.

— Seigneur maître, quels torts lui reprochez-vous ? car je ne doute pas que votre haine ne soit légitime.

— Vous avez raison, vieillard, de n'en pas douter. Comme son commerce ressemble au mien, Spiagudry fait tout ce qu'il peut pour me nuire.

— Oh ! maître, ne le croyez pas !... Ou, s'il en est ainsi, c'est que cet homme ne vous a pas vu comme moi, entouré de votre gracieuse femme et de vos charmants enfants, admettant les étrangers au bonheur de votre foyer domestique. S'il eût joui, comme nous, de votre aimable hospitalité, maître, ce malheureux ne pourrait être votre ennemi.

Spiagudry achevait à peine cette adroite allocution, quand la grande femme, jusqu'alors muette, se leva, et dit d'une voix aigrement solennelle :

— La langue de la vipère n'est jamais plus venimeuse que lorsqu'elle est enduite de miel.

Puis elle se rassit, et continua de fourbir ses pinces ; travail dont le bruit rauque et criard, remplissant les intervalles de la conversation, faisait, aux dépens des oreilles des quatre voyageurs, l'office des chœurs dans une tragédie grecque.

— *Cette femme est folle, vraiment !* se dit tout bas le concierge ne pouvant s'expliquer autrement le mauvais effet de sa flatterie.

— Bechlie a raison, docteur aux blonds cheveux, s'écria le bourreau ! Je vous tiens pour langue de vipère si vous continuez de justifier plus longtemps ce Spiagudry...

— A Dieu ne plaise, maître! s'écria celui-ci, je ne le justifie nullement.

— A la bonne heure. Vous ignorez d'ailleurs jusqu'où il pousse l'insolence. Croiriez-vous que l'impudent a la témérité de me disputer la propriété de Han d'Islande?

— De Han d'Islande ! dit brusquement l'ermite...

— Eh oui ! Vous connaissez ce fameux brigand?...

— Oui, dit l'ermite.

— Eh bien! tout brigand revient au bourreau, n'est-il pas vrai? Que fait cet infernal Spiagudry, il demande qu'on mette à prix la tête de Han...

— Il demande qu'on mette à prix la tête de Han ! interrompit l'ermite.

— Il en a l'audace, et cela, uniquement pour que le corps lui revienne, et que je sois frustré de ma propriété.

— Voilà qui est infâme, maître Orugix; oser vous disputer un bien qui vous appartient si évidemment!

Ces mots étaient accompagnés du sourire malicieux qui effrayait Spiagudry.

— Le tour est d'autant plus noir, ermite, qu'il me faudrait une exécution comme celle de Han pour me tirer de mon obscurité, et me faire la fortune que ne m'a pas faite celle de Schumacker.

— En vérité, maître Nychol?

— Oui, frère ermite, le jour de l'arrestation de Han, venez me voir, et nous immolerons un pourceau gras à mon élévation future.

— Volontiers; mais savez-vous si je serai libre ce jour-là? D'ailleurs, vous aviez tout à l'heure envoyé au diable l'ambition.

— Eh! sans doute, père, quand je vois que pour détruire mes espérances les mieux fondées il suffit d'un Spiagudry et d'une requête de mise à prix.

— Ah! reprit l'ermite d'une voix étrange, Spiagudry a demandé la mise à prix!

Cette voix était pour le pauvre homme comme le regard du crapaud pour l'oiseau.

— Seigneurs, dit-il, pourquoi juger témérairement? cela n'est pas sûr, peut-être est-ce un faux bruit...

— Un faux bruit! s'écria Orugix, la chose n'est que trop certaine. La demande des syndics est en ce moment à Drontheim, appuyée de la signature du concierge du Spladgest. On n'attend que la décision de Son Excellence le général gouverneur.

Le bourreau était si bien instruit, que Spiagudry n'osa poursuivre sa justification; il se contenta de maudire intérieurement, pour la centième fois, son jeune compagnon. Mais que devint-il lorsqu'il entendit l'ermite, qui depuis quelques moments paraissait méditer, s'écrier soudain d'un ton railleur :

— Maître Nychol, quel est donc le supplice des sacriléges?

Ces paroles firent sur Spiagudry le même effet que si on lui eût arraché son emplâtre et sa perruque. Il attendit avec anxiété la réponse d'Orugix, qui acheva d'abord de vider son verre.

— Cela dépend du genre de sacrilége, répondit le bourreau.

— Si le sacrilége est la profanation d'un mort?

Pour le coup, le tremblant Benignus s'attendit à voir son nom sortir d'un moment à l'autre de la bouche de l'inexplicable ermite.

— Autrefois, dit froidement Orugix, on l'enterrait vivant avec le cadavre profané.

— Et maintenant?

— Maintenant on est plus doux.

— On est plus doux! dit Spiagudry respirant à peine.

— Oui, reprit le bourreau de l'air satisfait et négligent d'un artiste qui parle de son art; on lui imprime d'abord, avec un fer chaud, un S sur le gras des jambes... —

— Et ensuite? interrompit le vieux concierge, contre lequel il eût été difficile d'exécuter cette partie de la peine.

— Ensuite, dit le bourreau, on se contente de le pendre.

— Miséricorde! s'écria Spiagudry; de le pendre!

— Eh bien! qu'a-t-il? il me regarde de l'air dont le patient regarde le gibet.

— Je vois avec plaisir, disait l'ermite, que l'on est revenu à des principes d'humanité.

En ce moment, l'orage, qui avait cessé, permit d'entendre très-distinctement au dehors le son clair et intermittent d'un cor.

— Nychol, dit la femme, on est à la poursuite de quelque malfaiteur, c'est le cor des archers.

— Le cor des archers! répéta chacun des interlocuteurs avec un accent différent, mais Spiagudry avec celui de la plus profonde terreur.

Ils achevaient à peine cette exclamation quand on frappa à la porte de la tour.

XIII

> Il ne faut qu'un homme, un signal; les éléments d'une révolution sont tout prêts. Qui commencera?... Dès qu'il y aura un point d'appui, tout s'ébranlera.
>
> BONAPARTE.

Lœvig est un gros bourg situé sur la rive septentrionale du golfe de Drontheim, et adossé à une chaîne basse de collines nues et bizarrement bariolées par diverses sortes de cultures, pareilles à de grands pans de mosaïque appuyés à l'horizon. L'aspect du bourg est triste; la cabane de bois et de jonc du pêcheur, la hutte conique bâtie de terre et de cailloux où le mineur invalide passe le peu de vieux jours que ses épargnes lui permettent de donner au soleil et au repos; la frêle charpente abandonnée que le chasseur de chamois revêt à son retour d'un toit de paille et de murs de peaux de bêtes, bordent des rues plus longues que le bourg, parce qu'elles sont étroites et tortueuses. Sur une place où l'on ne voit plus aujourd'hui que les vestiges d'une grosse tour, s'élevait alors l'ancienne forteresse bâtie par Horda le fin Archer, seigneur de Lœvig et frère d'armes du roi païen Halfdan, et occupée en 1698 par le syndic du bourg, lequel en eût été l'habitant le mieux logé, sans la cigogne argentée qui venait tous les étés se percher à l'extrémité du clocher pointu de l'église, pareille à la perle blanche au sommet du bonnet aigu d'un mandarin.

Le matin même du jour où Ordener était arrivé à Drontheim, un personnage était débarqué, également incognito, à Lœvig. Sa litière dorée, quoique sans armoiries, ses quatre grands laquais armés jusqu'aux dents, avaient soudain fait le sujet de toutes les conversations et de toutes les curiosités. L'hôte de la *Mouette d'Or*, petite taverne où le grand personnage était descendu, avait pris lui-même un air mystérieux, et répondait à toutes les questions : *Je ne sais pas*, d'un air qui voulait dire : *Je sais tout, mais vous ne saurez rien.* Les grands laquais étaient plus muets que des poissons, et plus sombres que les bouches d'une mine. Le syndic s'était d'abord renfermé dans sa tour, attendant dans sa dignité la première visite de l'étranger, mais bientôt les habitants l'avaient vu avec surprise se présenter deux fois inutilement à la *Mouette d'Or*, et le soir épier un salut du voyageur appuyé sur sa fenêtre entr'ouverte. Les commères inféraient de là que le personnage avait fait connaître son haut rang au seigneur syndic. Elles se trompaient. Un messager expédié par l'étranger s'était présenté chez le syndic pour y faire viser son droit de passe, et le syndic avait remarqué sur le grand cachet de cire verte du paquet qu'il portait deux mains de justice croisées, soutenant un manteau d'hermine surmonté d'une couronne de comte imposée à un écusson autour duquel pendaient les colliers de l'Eléphant et de Dannebrog. Cette observation avait suffi au syndic, qui désirait vivement obtenir de la grande chancellerie le haut syndicat du Drontheimhus. Mais il avait perdu ses avances, car le noble inconnu ne voulait voir personne.

Le second jour de l'arrivée de ce voyageur à Lœvig tirait à sa fin, lorsque l'hôte entra dans sa chambre en disant, après une inclination profonde, que le messager attendu de Sa Courtoisie venait d'arriver.

— Eh bien ! dit *Sa Courtoisie*, qu'il monte.

Un instant après, le messager entra, ferma soigneusement la porte, puis, saluant jusqu'à terre l'étranger, qui s'était à demi tourné vers lui, attendit dans un silence respectueux qu'il lui adressât la parole.

— Je vous espérais ce matin, dit celui-ci; qui donc vous a retenu?

— Les intérêts de Votre Grâce, seigneur comte: ai-je un autre souci?

— Que fait Elphége? que fait Frédéric?

— Ils sont bien portants...

— Bien! bien! interrompit le maître; n'avez-vous rien de plus intéressant à m'apprendre? Quoi de nouveau à Drontheim?

— Rien, sinon que le baron de Thorvick y est arrivé hier.

— Oui, je sais qu'il a voulu consulter ce vieux Mecklembourgeois Levin sur le mariage projeté : savez-vous quel a été le résultat de son entrevue avec le gouverneur?

— Aujourd'hui à midi, heure de mon départ, il n'avait point encore vu le général.

— Comment! arrivé de la veille! vous m'étonnez, Musdœmon; et avait-il vu la comtesse?

— Encore moins, seigneur.

— C'est donc vous qui l'avez vu?

— Non, mon noble maître; et d'ailleurs je ne le connais pas.

— Et comment, si personne ne l'a vu, savez-vous qu'il est à Drontheim?

— Par son domestique, qui est descendu hier au palais du gouverneur.

— Mais lui, est-il donc descendu ailleurs?

— Son domestique assure qu'en arrivant il s'est embarqué pour Munckholm, après être entré dans le Spladgest.

Le regard du comte s'enflamma.

— Pour Munckholm! pour la prison de Schumacker! en êtes-vous certain? J'ai toujours pensé que cet honnête Levin était un traître. Pour Munckholm? qui peut l'attirer là? va-t-il demander aussi des conseils à Schumacker? va-t-il?...

— Noble seigneur, interrompit Musdœmon, il n'est pas sûr qu'il y soit allé.

— Quoi! et que me disiez-vous donc! vous jouez-vous de moi?

— Pardon, Votre Grâce, je répétais au seigneur comte ce que disait le domestique du seigneur baron. Mais le seigneur Frédéric, qui était hier de garde au donjon, n'y a point vu le baron Ordener.

— Belle preuve! mon fils ne connaît pas le fils du vice-roi. Ordener a pu entrer au fort incognito.

— Oui, seigneur; mais le seigneur Frédéric affirme n'avoir vu personne.

Le comte parut se calmer.

— Cela est différent: mon fils l'affirme-t-il en effet?

— Il me l'a assuré à trois reprises; et l'intérêt du seigneur Frédéric est ici le même que celui de Sa Grâce.

Cette réflexion du messager rassura complétement le comte.

— Ah! dit-il, je comprends. Le baron, en arrivant, aura voulu se promener un peu sur le golfe, et le domestique se sera persuadé qu'il allait à Munckholm. En effet, qu'irait-il faire là? J'étais bien sot de m'alarmer. Cette nonchalance de mon gendre à voir le vieux Levin prouve au contraire que son affection pour lui n'est pas si vive que je le craignais. Vous ne croiriez pas, mon cher Musdœmon, poursuivit le comte avec un sourire, que je m'imaginais déjà Ordener amoureux d'Ethel Schumacker, et que je bâtissais un roman et une intrigue sur ce voyage à Munckholm. Mais, Dieu merci, Ordener est moins fou que moi. — A propos, mon cher, que devient cette jeune Danaé entre les mains de Frédéric?

Musdœmon avait conçu les mêmes alarmes que son maître touchant Ethel Schumacker, et les avait combattues sans pouvoir les vaincre aussi aisément. Cependant, charmé de voir son maître sourire, il se garda bien de troubler sa sécurité, et chercha au contraire à l'accroître, afin d'accroître cette sérénité si précieuse dans les grands pour leurs favoris.

— Noble comte, votre fils a échoué près de la fille de Schumacker; mais il paraît qu'un autre a été plus heureux.

Le comte l'interrompit vivement.

— Un autre! quel autre?

— Eh! mais, je ne sais quel serf, paysan ou vassal...

— Dites-vous vrai? s'écria le comte, dont la figure dure et sombre était devenue radieuse.

— Le seigneur Frédéric me l'a affirmé, ainsi qu'à la noble comtesse.

Le comte se leva et se mit à parcourir la chambre en se frottant les mains.

— Musdœmon, mon cher Musdœmon, encore un effort, et nous sommes au but. Le rejeton de l'arbre est flétri: il ne nous reste plus qu'à renverser le tronc. — Avez-vous encore quelque bonne nouvelle?

— Dispolsen a été assassiné.

Le visage du comte se dérida entièrement.

— Ah! vous verrez que nous marcherons de triomphe en triomphe. A-t-on ses papiers? a-t-on surtout ce coffret de fer?...

— J'annonce avec peine à Votre Grâce que le meurtre n'a point été commis par les nôtres. Il a été tué et dépouillé sur les grèves d'Urchtal, et l'on attribue cet exploit à Han d'Islande.

— Han d'Islande! reprit le maître dont le visage s'était rembruni; quoi! ce brigand célèbre que nous voulons mettre à la tête de nos révoltés!

— Lui-même, noble comte, et je crains, d'après ce que j'en ai entendu dire, que nous n'ayons de la peine à le trouver; en tout cas, je me suis assuré d'un chef qui prendra son nom et pourra le remplacer. C'est un farouche montagnard, haut et dur comme un chêne, féroce et hardi comme un loup dans un désert de neige; il est impossible que ce formidable géant ne ressemble pas à Han d'Islande.

— Ce Han d'Islande, demanda le comte, est donc de haute taille?

— C'est le bruit le plus populaire, Votre Grâce.

— J'admire toujours, mon cher Musdœmon, l'art avec lequel vous disposez vos plans. Quand éclate l'insurrection?

— Oh! très-incessamment, Votre Grâce; en ce moment peut-être. La tutelle royale pèse depuis longtemps aux mineurs; tous saisissent avec joie l'idée d'un soulèvement. L'incendie commencera par Guldbranshal, s'étendra à Sund-Moër, gagnera Kongsberg. Deux mille mineurs peuvent être sur pied en trois jours; la révolte se fera au nom de Schumacker; c'est en ce nom que leur parlent nos émissaires. Les réserves du Midi et la garnison de Drontheim et de Skongen s'ébranleront; et vous serez ici justement pour étouffer la rébellion, nouveau et insigne service aux yeux du roi, et le délivrer de ce Schumacker si inquiétant pour son trône. Voilà sur quelles indestructibles bases s'élèvera l'édifice que couronnera le mariage de la noble dame Ulrique avec le baron de Thorvick.

L'entretien intime de deux scélérats n'est jamais long, parce que ce qu'il y a d'homme en eux s'effraye bien vite de ce qu'il y a d'infernal. Quand deux âmes perverses s'étalent réciproquement leur impudique nudité, leurs mutuelles laideurs les révoltent. Le crime fait horreur au crime même; et deux méchants qui conversent, avec tout le cynisme du tête-à-tête, de leurs passions, de leurs plaisirs, de leurs intérêts, se sont l'un à l'autre comme un effroyable miroir. Leur propre bassesse les humilie dans autrui; leur propre orgueil les confond; leur propre néant les épouvante; et ils ne peuvent se fuir, se désavouer eux-mêmes dans leur semblable, car chaque rapport odieux, chaque affreuse coïncidence, chaque hideuse parité, trouve en eux une voix toujours infatigable qui la dénonce à leur oreille sans cesse fatiguée. Quelque secret que soit leur entretien, il a toujours deux insupportables témoins : Dieu, qu'ils ne voient pas, et la conscience, qu'ils sentent.

Les conversations confidentielles de Musdœmon étaient d'autant plus fatigantes pour le comte, qu'il mettait toujours sans ménagements son maître de moitié dans les crimes entrepris ou à entreprendre. Bien des courtisans croient adroit de sauver aux grands l'apparence des mauvaises actions; ils prennent sur eux la responsabilité du mal, et laissent même souvent à la pudeur du patron la consolation d'avoir semblé résister à un crime profitable. Musdœmon, par un raffinement d'adresse, suivait la marche contraire. Il voulait paraître conseiller rarement et toujours obéir. Il connaissait l'âme de son maître comme son maître connaissait la sienne; aussi ne se compromettait-il qu'en compromettant le comte. La tête que le comte aurait le plus volontiers fait tomber, après celle de Schumacker, c'était celle de Musdœmon; il le savait comme si son maitre le lui eût dit, et son maître savait qu'il le savait.

Le comte avait appris ce qu'il voulait apprendre. Il était satisfait. Il ne lui restait plus qu'à congédier Musdœmon.

— Musdœmon, dit-il avec un sourire gracieux, vous êtes le plus fidèle et le plus zélé de mes serviteurs. Tout va bien, et je le dois à vos soins. Je vous fais secrétaire intime de la grande chancellerie.

Musdœmon s'inclina profondément.

— Ce n'est pas tout, poursuivit le comte: je vais demander pour vous une troisième fois l'ordre de Dannebrog; mais je crains toujours que votre naissance, votre indigne parenté...

Musdœmon rougit, pâlit, et cacha les altérations de son visage en s'inclinant de nouveau.

— Allez, dit le comte lui présentant sa main à baiser, allez, seigneur secrétaire intime, rédiger votre *placeat*. Il trouvera peut-être le roi dans un moment de bonne humeur.

— Que Sa Majesté l'accorde ou non, je suis confus et fier des bontés de Votre Grâce.

— Dépêchez-vous, mon cher, car je suis pressé de partir. Il faut tâcher encore d'avoir des renseignements précis sur Han.

Musdœmon, aprés une troisiéme révérence, entr'ouvrit la porte.

— Ah ! dit le comte, j'oubliais... En votre qualité nouvelle de secrétaire intime, vous écrirez à la chancellerie pour qu'on envoie sa destitution á ce syndic de Lœvig, qui compromet son rang dans le canton par une foule de bassesses envers les étrangers qu'il ne connait pas.

XIV

Le religieux qui visite à minuit le reliquaire;
Le chevalier qui dompte un coursier belliqueux;
Celui qui meurt au son redouté de la trompette,
Celui qui meurt au bruit pacifique des oraisons,
Sont l'objet de tes soins prodigués également
A l'homme pieux sous le casque ou sous la tonsure.

Hymne à saint Anselme.

— Oui, maître, nous devons en vérité un pèlerinage à la grotte de Lynrass. Eût-on cru que cet ermite, que je maudissais comme un esprit infernal, serait notre ange sauveur, et que la lance qui semblait nous menacer à tout moment nous servirait de pont pour franchir le précipice?

C'est en ces termes, assez burlesquement figurés, que Benignus Spiagudry faisait éclater aux oreilles d'Ordener sa joie, son admiration et sa reconnaissance pour l'ermite mystérieux. On devine que nos deux voyageurs sont sortis de la Tour-Maudite. Au point où nous les retrouvons, ils ont même déjà laissé assez loin derrière eux le hameau de Vygla, et suivent péniblement une route montueuse, entrecoupée de mares ou embarrassée de grosses pierres que les torrents passagers de l'orage ont déposées sur la terre humide et visqueuse. Le jour ne parait pas encore; seulement les buissons qui couronnent les rochers des deux côtés du chemin se détachent du ciel déjà blanchâtre comme des coupures noires, et l'œil voit les objets, encore sans couleurs, reprendre par degrés leurs formes à cette lumière terne et en quelque sorte épaisse, que le crépuscule du nord verse à travers les froids brouillards du matin.

Ordener gardait le silence, car depuis quelques instants

il s'était doucement livré à ce demi-sommeil que le mouvement machinal de la marche permet quelquefois. Il n'avait pas dormi depuis la veille, où il avait donné au repos, dans une barque de pêcheur amarrée au port de Drontheim, le peu d'heures qui avaient séparé sa sortie du Spladgest de son retour à Munckholm. Aussi, tandis que son corps s'avançait vers Skongen, son esprit s'était envolé au golfe de Drontheim, dans cette sombre prison, sous ces lugubres tours qui renfermaient le seul être auquel il pût dans le monde attacher l'idée d'espérance et de bonheur. Eveillé, le souvenir de son Ethel dominait toutes ses pensées; endormi, ce souvenir devenait comme une image fantastique qui illuminait tous ses rêves. Dans cette seconde vie du sommeil, où l'âme existe un moment seule, où l'être physique, avec tous ses maux matériels, semble s'être évanoui, il voyait cette vierge bien-aimée, non plus belle, non plus pure, mais plus libre, plus heureuse, plus à lui. Seulement, sur la route de Skongen, l'oubli de son corps, l'engourdissement de ses facultés, ne pouvaient être complets; car de temps en temps une fondrière, une pierre, une branche d'arbre, heurtant ses pieds, le rappelaient brusquement de l'idéal au réel. Il relevait alors la tête, entr'ouvrait ses yeux fatigués, et regrettait d'être retombé de son beau voyage céleste dans son pénible voyage terrestre, où rien ne le dédommageait de ses illusions enfuies que l'idée de sentir contre son cœur cette boucle de cheveux qui lui appartenaient en attendant qu'Ethel tout entière fût à lui. Puis ce souvenir ramenait la charmante image fantastique, et il remontait mollement, non dans son rêve, mais dans sa vague et opiniâtre rêverie.

— Maître! répéta Spiagudry d'une voix plus forte, qui, jointe au choc d'un tronc d'arbre, réveilla Ordener, ne craignez rien. Les archers ont pris sur la droite avec l'ermite, en sortant de la tour, et nous sommes assez loin d'eux pour pouvoir parler. Il est vrai que jusqu'ici le silence était prudent.

— Vraiment, dit Ordener en bâillant, vous poussez la prudence un peu loin. Il y a trois heures au moins que nous avons quitté la tour et les archers.

— Cela est vrai, seigneur; mais prudence ne nuit jamais. Voyez, si je m'étais nommé au moment où le chef de cette infernale escouade a demandé *Benignus Spiagudry*, d'une voix pareille à celle dont Saturne demandait son fils nouveau-né pour le dévorer; si, même en ce moment terrible, je n'avais eu recours à une taciturnité prudente, où serais-je, mon noble maître?

— Ma foi, vieillard, je crois qu'en ce moment-là nul n'eût pu obtenir de vous votre nom, eût-on employé des tenailles pour vous l'arracher.

— Avais-je tort, maître? Si j'avais parlé, l'ermite que saint Hospice et saint Usbald le solitaire bénissent, l'ermite n'aurait pas eu le temps de demander au chef des archers si son escouade n'était pas composée de soldats de la garnison de Munckholm, question insignifiante, faite uniquement pour gagner du temps. Avez-vous remarqué, jeune seigneur, après la réponse affirmative de ce stupide archer, avec quel sourire singulier l'ermite l'a invité à le suivre, en lui disant qu'il connaissait la retraite du fugitif Benignus Spiagudry?

Ici le concierge s'arrêta un moment comme pour prendre de l'élan, car il reprit soudain d'une voix larmoyante d'enthousiasme :

— Bon prêtre! digne et vertueux anachorète, pratiquant les principes de l'humanité chrétienne et de la charité évangélique! Et moi qui m'effrayais de ses dehors, assez sinistres à la vérité; mais ils cachent une si belle âme! Avez-vous encore remarqué, mon noble maître, qu'il y avait quelque chose de singulier dans l'accent dont il m'a dit *au revoir!* en emmenant les archers? Dans un autre moment, cet accident m'eût alarmé; mais ce n'est pas la faute du pieux et excellent ermite. La solitude donne san doute à la voix ce timbre étrange; car je connais, seigneur, — ici la voix de Benignus devint plus basse, — je connais un autre solitaire, ce formidable vivant que... Mais non, par respect pour le vénérable ermite de Lynrass, je ne ferai pas cet odieux rapprochement. Ses gants n'ont également rien d'extraordinaire, il fait assez froid pour qu'on en porte; et sa boisson salée ne m'étonne pas davantage. Les cénobites catholiques ont souvent des règles singulières; celle-là, maître, se trouve indiquée dans ce vers du célèbre Urensius, religieux du mont Caucase:

Rivos despiciens, maris undam potat amaram.

Comment ne me suis-je pas rappelé ce vers dans cette maudite ruine de Vygla! un peu plus de mémoire m'aurait épargné de bien folles alarmes. Il est vrai qu'il est difficile, n'est-ce pas, seigneur, d'avoir ses idées nettes dans un pareil repaire, assis à la table d'un bourreau! d'un bourreau! d'un être voué au mépris et à l'exécration universelle, qui ne diffère de l'assassin que par la fréquence et l'impunité de ses meurtres, dont le cœur, à toute l'atrocité des plus affreux brigands, réunit la lâcheté que du moins leurs crimes aventureux ne leur permettent pas! d'un être qui offre à manger et verse à boire de la même main qui fait jouer des instruments de torture, et crier les os des misérables entre les ais rapprochés d'un chevalet! Respirer le même air qu'un bourreau! Et le plus vil mendiant, si ce contact impur l'a souillé, abandonne avec horreur les derniers haillons qui protégeaient contre l'hiver ses maladies et ses nudités! Et le chancelier, après avoir scellé ses lettres d'office, les jette sous la table des sceaux, en signe de dégoût et de malédiction! Et, en France, quand le bourreau est mort à son tour, les sergents de la prévôté aiment mieux payer une amende de quarante livres que de lui succéder! Et à Pesth, le condamné Chorchill, auquel on offrait sa grâce avec des lettres d'exécuteur, préféra le rôle de patient au métier de bourreau! N'est-il pas encore notoire, noble et jeune seigneur, que Turmeryn, évêque de Maëstricht, fit purifier une église où était entré le bourreau, et que la czarine Petrowna se lavait le visage chaque fois qu'elle revenait d'une exécution? Vous savez également que les rois de France, pour honorer les gens de guerre, veulent qu'ils soient punis par leurs camarades, afin que ces nobles hommes, même lorsqu'ils sont criminels, ne deviennent pas infâmes par l'attouchement d'un bourreau. Et enfin, ce qui est décisif, dans la *Descente de saint Georges aux enfers*, par le savant Melasius-Iturham, Caron ne donne-t-il pas au brigand Robin Hood le pas sur le bourreau Phlipcrass? — Vraiment, maître, si jamais je deviens puissant, — ce que Dieu seul peut savoir — je supprime les bourreaux et je rétablis l'ancienne coutume et les vieux tarifs. Pour le meurtre d'un prince, on payera, comme en 1150, quatorze cent quarante doubles écus royaux; pour le meurtre d'un comte, quatorze cent quarante écus simples; pour celui d'un baron, quatorze cent quarante bas écus; le meurtre d'un simple noble sera taxé à quatorze cent quarante ascalins; et celui d'un bourgeois...

— N'entends-je pas le pas d'un cheval qui vient à nous? interrompit Ordener.

Ils tournèrent la tête, et, comme le jour avait paru pendant le long soliloque scientifique de Spiagudry, ils purent distinguer en effet, à cent pas en arrière, un homme vêtu de noir, agitant un bras vers eux, et pressant de l'autre un de ces petits chevaux d'un blanc sale, que l'on rencontre souvent, domptés ou sauvages, dans les montagnes basses de la Norwége.

— De grâce, maître, dit le peureux concierge, pressons le pas, cet homme noir m'a tout l'air d'un archer.

— Comment, vieillard, nous sommes deux, et nous fuirions devant un seul homme!

— Hélas! vingt éperviers fuient devant un hibou. Quelle gloire y a-t-il à attendre un officier de justice?

— Et qui vous dit que c'en est un? reprit Ordener, dont les yeux n'étaient pas troublés par la peur. Rassurez-vous, mon brave guide; je reconnais ce voyageur. — Arrêtons-nous.

Il fallut céder. Un moment après, le cavalier les aborda; et Spiagudry cessa de trembler en reconnaissant la figure grave et sereine de l'aumônier Athanase Munder.

Celui-ci les salua en souriant, et arrêta sa monture, en disant d'une voix que son essoufflement entrecoupait:

— Mes chers enfants, c'est pour vous que je reviens sur mes pas; et le Seigneur ne permettra sans doute pas que mon absence, prolongée dans une intention de charité, soit préjudiciable à ceux auxquels ma présence est utile.

— Seigneur ministre, répondit Ordener, nous serions heureux de pouvoir vous servir en quelque chose.

— C'est moi, au contraire, noble jeune homme, qui veux vous servir. Daignerez-vous me dire quel est le but de votre voyage?

— Révérend aumônier, je ne puis.

— Je désire qu'en effet, mon fils, il y ait de votre part impuissance et non défiance. Car alors malheur à moi! malheur à celui dont l'homme de bien se défie, même quand il ne l'a vu qu'une fois.

L'humilité et l'onction du prêtre touchèrent vivement Ordener.

— Tout ce que je puis vous dire, mon père, c'est que nous visitons les montagnes du Nord.

— C'est ce que je pensais, mon fils, et voilà pourquoi je viens à vous. Il y a dans ces montagnes des bandes de mineurs et de chasseurs, souvent redoutables aux voyageurs.

— Eh bien? dit Ordener.

— Eh bien! je sais qu'il ne faut pas essayer de détourner de sa route un noble jeune homme qui va chercher un danger; mais l'estime que j'ai conçue pour vous m'a inspiré un autre moyen de vous être utile. Le malheureux faux monnayeur auquel j'ai porté hier les dernières consolations de mon Dieu avait été mineur. Au moment de la mort, il m'a donné ce parchemin sur lequel son nom est écrit, disant que cette passe me préserverait de tout danger, si jamais je voyageais dans ces montagnes. Hélas! à quoi cela pourrait-il servir à un pauvre prêtre qui vivra et mourra avec des prisonniers, et qui d'ailleurs, *inter castra latronum*, ne doit chercher de défense que dans la patience et la prière, seules armes de Dieu? Si je n'ai pas refusé cette passe, c'est qu'il ne faut point affliger par un refus le cœur de celui qui, dans peu d'instants, n'aura plus rien à recevoir et à donner sur la terre. Le bon Dieu daignait m'inspirer, car aujourd'hui je puis vous apporter ce parchemin, afin qu'il vous accompagne dans les hasards de votre route, et que le don du mourant soit un bienfait pour le voyageur.

Ordener reçut avec attendrissement le présent du vieux prêtre.

— Seigneur aumônier, dit-il, Dieu veuille que votre désir soit exaucé! Merci. Pourtant, ajouta-t-il, mettant la main sur son sabre, je portais déjà mon droit de passe à mon côté.

— Jeune homme, dit le prêtre, peut-être ce frêle parchemin vous protégera-t-il mieux que votre épée de fer. Le regard d'un pénitent est plus puissant que le glaive même de l'archange. Adieu; mes prisonniers m'attendent. Veuillez prier quelquefois pour eux et pour moi.

— Saint prêtre, reprit Ordener en souriant, je vous ai dit que vos condamnés auraient leur grâce : ils l'auront.

— Oh! ne parlez pas avec cette assurance, mon fils. Ne tentez pas le Seigneur. Un homme ne sait pas ce qui se passe dans le cœur d'un autre homme, et vous ignorez encore ce que décidera le fils du vice-roi. Peut-être, hélas! ne daignera-t-il jamais admettre devant lui un humble aumônier. Adieu, mon fils; que votre voyage soit béni, et que parfois il sorte de votre belle âme un souvenir pour le pauvre prêtre et une prière pour les pauvres prisonniers.

XV

> **Sois le bienvenu, Hugo; dis-moi, toi... as-tu jamais vu un orage aussi terrible?**
>
> **MATHURIN, *Bertram*.**

Dans une salle attenant aux appartements du gouverneur de Drontheim, trois des secrétaires de Son Excellence venaient de s'asseoir devant une grande table noire, chargée de parchemins, de papiers, de cachets et d'écritoires, et près de laquelle un quatrième tabouret resté vide annonçait qu'un des scribes était en retard. Ils étaient déjà depuis quelque temps méditant et écrivant chacun de leur côté quand l'un d'eux s'écria :

— Savez-vous, Wapherney, que ce pauvre bibliothécaire Foxtipp va, dit-on, être renvoyé par l'évêque, grâce à la lettre de recommandation dont vous avez appuyé la requête du docteur Anglyvius?

— Que nous contez-vous là, Richard? dit vivement celui des deux autres secrétaires auquel ne s'adressait point Richard. Wapherney n'a pu écrire en faveur d'Anglyvius, car la pétition de cet homme a révolté le général quand je la lui ai lue.

— Vous me l'aviez dit en effet, reprit Wapherney; mais j'ai trouvé sur la pétition le mot *tribuatur*, de la main de Son Excellence.

— En vérité! s'écria l'autre.

— Oui, mon cher; et plusieurs autres décisions de Son Excellence, dont vous m'aviez parlé, sont également changées dans les apostilles. Ainsi, sur la requête des mineurs, le général a écrit *negetur*...

— Comment! mais je n'y comprends rien : le général craignait l'esprit turbulent de ces mineurs.

— Il a peut-être voulu les effrayer par la sévérité. Ce qui me le ferait croire, c'est que le placet de l'aumônier Munder pour les douze condamnés est également mis au néant...

Le secrétaire auquel Wapherney parlait se leva ici brusquement.

— Oh! pour le coup, je ne peux vous croire. Le gouverneur est trop bon et m'a montré trop de pitié envers ces condamnés pour...

— Eh bien! Arthur, reprit Wapherney, lisez vous-même.

Arthur prit le placet et vit le fatal signe de réprobation.

— Vraiment, dit-il, j'en crois à peine mes yeux. Je veux

représenter le placet au général. Quel jour Son Excellence a-t-elle donc apostillé ces pièces?

— Mais, répondit Wapherney, je crois qu'il y a trois jours.

— Ç'a été, reprit Richard à voix basse, dans la matinée qui a précédé l'apparition si courte et la disparition si mystérieusement subite du baron Ordener.

— Tenez, s'écria vivement Wapherney avant qu'Arthur eût eu le temps de répondre, ne voilà-t-il pas encore un *tribuatur* sur la burlesque requête de ce Benignus Spiagudry!

Richard éclata de rire.

— N'est-ce pas ce vieux gardien de cadavres qui a également disparu d'une manière si singulière?

— Oui, reprit Arthur : on a trouvé dans son charnier un cadavre mutilé, en sorte que la justice le fait poursuivre comme sacrilége. Mais un petit Lapon, qui le servait, et qui est resté seul au Spladgest, pense, avec tout le peuple, que le diable l'a emporté comme sorcier.

— Voilà, dit Wapherney en riant, un personnage qui laisse une bonne réputation!

Il achevait à peine son éclat de rire quand le quatrième secrétaire entra.

— En honneur, Gustave, vous arrivez bien tard ce matin. Vous seriez-vous marié par hasard hier?

— Eh non! reprit Wapherney : c'est qu'il aura pris le chemin le plus long, pour passer, avec son manteau neuf, sous les fenêtres de l'aimable Rosily.

— Wapherney, dit le nouveau venu, je voudrais que vous eussiez deviné. Mais la cause de mon retard est certes moins agréable; et je doute que mon manteau neuf ait produit quelque effet sur les personnages que je viens de visiter.

— D'où venez-vous donc? demanda Arthur.

— Du Spladgest.

— Dieu m'est témoin, s'écria Wapherney laissant tomber sa plume, que nous en parlions tout à l'heure! Mais, si l'on peut en parler par passe-temps, je ne conçois pas comment on y entre.

— Et bien moins encore, dit Richard, comment on s'y arrête. Mais, mon cher Gustave, qu'y avez-vous donc vu?

— Oui, dit Gustave, vous êtes curieux, sinon de voir, du moins d'entendre; et vous seriez bien punis si je refusais de vous décrire ces horreurs, auxquelles vous frémiriez d'assister.

Les trois secrétaires pressèrent vivement Gustave, qui se fit un peu prier, quoique son désir de leur raconter ce qu'il avait vu ne fût pas intérieurement moins vif que leur envie de le savoir.

— Allons, Wapherney, vous pourrez transmettre mon récit à votre jeune sœur, qui aime tant les choses effrayantes. J'ai été entraîné dans le Spladgest par la foule, qui s'y pressait. On vient d'y apporter les cadavres de trois soldats du régiment de Munckholm et de deux archers, trouvés hier à quatre lieues dans les gorges, au fond du précipice de Cascadthymore. Quelques spectateurs assurent que ces malheureux composaient l'escouade envoyée, il y a trois jours, dans la direction de Skongen, à la recherche du concierge fugitif du Spladgest. Si cela est vrai, on ne peut concevoir comment tant d'hommes armés ont pu être assassinés. La mutilation des corps paraît prouver qu'ils ont été précipités du haut des rochers. Cela fait dresser les cheveux.

— Quoi! Gustave, vous les avez vus? demanda vivement Wapherney.

— Je les ai encore devant les yeux.

— Et présume-t-on quels sont les auteurs de cet attentat?

— Quelques personnes pensaient que ce pouvait être

une bande de mineurs, et assuraient qu'on avait entendu hier, dans les montagnes, les sons de la corne avec laquelle ils s'appellent.

— En vérité! dit Arthur.

— Oui; mais un vieux paysan a détruit cette conjecture en faisant observer qu'il n'y avait ni mines ni mineurs du côté de Cascadthymore.

— Et qui serait-ce donc?

— On ne sait; si les corps n'étaient entiers, on pourrait croire que ce sont quelques bêtes féroces, car ils portent sur leurs membres de longues et profondes égratignures. Il en est de même du cadavre d'un vieillard à barbe blanche, qu'on a apporté au Spladgest avant-hier matin, à la suite de cet affreux orage qui vous a empêché, mon cher Léandre Wapherney, d'aller visiter, sur l'autre rive du golfe, votre Héro du coteau de Larsynn.

— Bien! bien! Gustave, dit Wapherney en riant; mais quel est ce vieillard?

— A sa haute taille, à sa longue barbe blanche, à un chapelet qu'il tient encore fortement serré entre ses mains, quoiqu'il ait été trouvé du reste absolument dépouillé, on a reconnu, dit-on, un certain ermite des environs; je crois qu'on l'appelle l'ermite de Lynrass. Il est évident que le pauvre homme a été également assassiné; mais dans quel but? On n'égorge plus maintenant pour opinion religieuse, et le vieil ermite ne possédait au monde que sa robe de bure et la bienveillance publique.

— Et vous dites, reprit Richard, que ce corps est déchiré, ainsi que ceux des soldats, comme par les ongles d'une bête féroce?

— Oui, mon cher; et un pêcheur affirmait avoir remarqué des traces pareilles sur le corps d'un officier trouvé, il y a plusieurs jours, assassiné, vers les grèves d'Urchtal.

— Cela est singulier, dit Arthur.

— Cela est effroyable, dit Richard.

— Allons, reprit Wapherney, silence et travail, car je crois que le général va bientôt venir. — Mon cher Gustave, je suis bien curieux de voir ces corps; si vous voulez, ce soir en sortant nous entrerons un moment au Spladgest.

XVI

> Elle eût été si facilement heureuse : une simple cabane dans une vallée des Alpes, quelques occupations domestiques auraient sufli pour satisfaire des désirs bornés et remplir sa douce vie; mais moi, l'ennemi de Dieu, je n'ai pas eu de repos que je n'aie brisé son cœur, que je n'aie fait tomber en ruines sa destinée... Il faut qu'elle soit la victime de l'enfer.
>
> GOETHE, *Faust.*

En 1675, c'est-à-dire vingt-quatre années avant l'époque où se passe cette histoire, hélas! ç'avait été une fête charmante pour tout le hameau de Thoctree, que le mariage de la douce Lucy Pelnyrh et du beau, du grand, de l'excellent jeune homme Caroll Stadt. Il est vrai de dire qu'ils s'aimaient depuis longtemps; et comment tous les cœurs ne se seraient-ils pas intéressés aux deux jeunes amants le jour où tant d'ardents désirs, tant d'inquiètes espérances, allaient enfin se changer en bonheur! Nés dans le même village, élevés dans les mêmes champs, bien souvent, dans leur enfance, Caroll s'était endormi, après leurs jeux, sur le sein de Lucy; bien souvent, dans leur adolescence, Lucy s'était, après leurs travaux, appuyée sur le bras de Caroll. Lucy était la plus timide et la plus jolie des filles du pays, Caroll le plus brave et le plus noble des garçons du canton; ils s'aimaient, et ils n'auraient pas mieux pu se rappeler le jour où ils avaient commencé d'aimer que le jour où ils avaient commencé de vivre.

Mais leur mariage n'était pas venu comme leur amour, doucement et de lui-même. Il y avait eu des intérêts domestiques, des haines de famille, des parents, des obstacles; une année entière ils avaient été séparés, et Caroll avait bien souffert loin de sa Lucy, et Lucy avait bien pleuré loin de son Caroll, avant le jour bienheureux qui les réunissait, pour désormais ne plus souffrir et pleurer qu'ensemble.

C'était en la sauvant d'un grand péril que Caroll avait enfin obtenu sa Lucy. Un jour il avait entendu des cris dans un bois; c'était sa Lucy qu'un brigand, redouté de tous les montagnards, avait surprise et paraissait vouloir enlever. Caroll attaqua hardiment ce monstre à face humaine, auquel le singulier rugissement qu'il poussait comme une bête féroce avait fait donner le nom de *Han*. Oui, il attaqua celui que personne n'osait attaquer; mais l'amour lui donnait des forces de lion. Il délivra sa bien-aimée Lucy, la rendit à son père, et le père la lui donna.

Or, tout le village fut joyeux le jour où l'on unit ces deux fiancés. Lucy seule paraissait sombre. Jamais pourtant elle n'avait attaché un regard plus tendre sur son cher Caroll; mais ce regard était aussi triste que tendre, et, dans la joie universelle, c'était un sujet d'étonnement. De moment en moment, plus le bonheur de son ami semblait croître, plus ses yeux exprimaient de douleur et d'amour. — O ma Lucy! lui dit Caroll après la sainte cérémonie, la présence de ce brigand, qui est un malheur pour toute la contrée, aura donc été un bonheur pour moi ! On remarqua qu'elle secoua la tête et ne répondit rien.

Le soir vint : on les laissa seuls dans leur chaumière neuve, et les danses et les jeux redoublèrent sur la place du village pour célébrer la félicité des deux époux.

Le lendemain matin, Caroll Stadt avait disparu : quelques mots de sa main furent remis au père de Lucy Pelnyrh par un chasseur des monts de Kole, qui l'avait rencontré avant l'aube errant sur les grèves du golfe. Le vieux Will Pelnyrh montra ce papier au pasteur et au syndic, et il ne resta de la fête de la veille que l'abattement profond et le morne désespoir de Lucy.

Cette catastrophe mystérieuse consterna tout le village, et l'on s'efforça vainement à l'expliquer. Des prières pour l'âme de Caroll furent dites dans la même église où, quelques jours auparavant, lui-même avait chanté des cantiques d'actions de grâces sur son bonheur. On ne sait ce qui retint à la vie la veuve Stadt. Au bout de neuf mois de solitude et de deuil, elle mit au monde un fils, et, le jour même, le village de Golyn fut écrasé par la chute du rocher pendant qui le dominait.

La naissance de ce fils ne dissipa point la douleur sombre de sa mère. Gill Stadt n'annonçait en rien qu'il dût ressembler à Caroll. Son enfance farouche semblait promettre une vie plus farouche encore. Quelquefois un petit homme sauvage — dans lequel des montagnards qui l'avaient vu de loin affirmaient reconnaître le fameux Han d'Islande — venait dans la cabane déserte de la veuve de Caroll, et ceux qui passaient alors près de là en entendaient sortir des plaintes de femme et des rugissements de tigre. L'homme emmenait le jeune Gill, et des mois s'écoulaient ; puis il le rendait à sa mère, plus sombre et plus effrayant encore.

La veuve Stadt avait pour cet enfant un mélange d'horreur et de tendresse. Quelquefois elle le serrait dans ses bras de mère, comme le seul bien qui l'attachât encore à la vie ; d'autres fois elle le repoussait avec épouvante en appelant Caroll, son cher Caroll. Nul être au monde ne savait ce qui bouleversait son cœur.

Gill avait passé sa vingt-troisième année: il vit Guth Stersen, et l'aima avec fureur. Guth Stersen était riche, et il était pauvre. Alors il partit pour Rœraas, afin de se faire mineur et de gagner de l'or. Depuis lors sa mère n'en avait plus entendu parler.

Une nuit, assise devant le rouet qui la nourrissait, elle veillait, avec sa lampe à demi éteinte, dans sa cabane, sous ces murs vieillis comme elle dans la solitude et le deuil, muets témoins de la mystérieuse nuit de ses noces. Inquiète, elle pensait à son fils, dont la présence, si vivement désirée, allait lui rappeler, et peut-être lui apporter bien des douleurs. Cette pauvre mère aimait son fils, tout ingrat qu'il était. Et comment ne l'aurait-elle pas aimé? elle avait tant souffert pour lui !

Elle se leva, alla prendre au fond d'une vieille armoire un crucifix rouillé dans la poussière. Un moment elle le considéra d'un œil suppliant; puis tout à coup, le repoussant avec effroi : — Prier! cria-t-elle; est-ce que je puis prier?... Tu n'as plus à prier que l'enfer, malheureuse! c'est à l'enfer que tu appartiens.

Elle retombait dans sa sombre rêverie lorsqu'on frappa à la porte.

C'était un événement rare chez la veuve Stadt; car, depuis longues années, grâce à ce que sa vie offrait d'extraordinaire, tout le village de Thoctree la croyait en commerce avec les esprits infernaux. Aussi nul n'approchait de sa cabane. Etranges superstitions de ce siècle et de ce pays d'ignorance! elle devait au malheur la même réputation de sorcellerie que le concierge du Spladgest devait à la science !

— Si c'était mon fils! si c'était Gill ! s'écria-t-elle. Et elle s'élança vers la porte.

Hélas ! ce n'était pas ce fils. C'était un petit ermite vêtu de bure, dont le capuchon rabattu ne laissait voir que la barbe noire.

— Saint homme, dit la veuve, que demandez-vous ? Vous ne savez pas à quelle maison vous vous adressez.

— Si vraiment ! répéta l'ermite d'une voix rauque et trop connue. Et, arrachant ses gants, sa barbe noire et son capuchon, il découvrit un atroce visage, une barbe rousse et des mains armées d'ongles hideux.

— Oh !... cria la veuve. Et elle cacha sa tête dans ses mains.

— Eh bien ! dit le petit homme, est-ce que, depuis vingt-quatre ans, tu ne t'es pas encore habituée à voir l'époux que tu dois contempler durant toute l'éternité?

Elle murmura avec épouvante : L'éternité !...

— Ecoute, Lucy Pelnyrh, je t'apporte des nouvelles de ton fils.

— De mon fils? où est-il? pourquoi ne vient-il pas?...

— Il ne peut.

— Mais, dites-moi, reprit-elle... Je vous rends grâces, hélas! vous pouvez donc m'apporter du bonheur!

— C'est le bonheur en effet que je t'apporte, dit l'homme d'une voix sourde; car tu es une faible femme, et je m'étonne que ton ventre ait pu porter un pareil fils. Réjouis-toi donc. Tu craignais que ton fils ne marchât sur ma trace : ne crains plus rien.

— Quoi ! s'écria la mère avec ravissement, mon fils, mon bien-aimé Gill, est donc changé?

L'ermite regardait sa joie avec un rire funeste.

— Oh ! bien changé, dit-il.

— Et pourquoi n'est-il pas accouru dans mes bras? Où l'avez-vous vu? que faisait-il?

— Il dormait.

La veuve, dans l'excès de sa joie, ne remarquait ni le regard sinistre ni l'air horriblement railleur du petit homme.

— Pourquoi ne l'avoir pas réveillé, ne lui avoir pas dit : Gill, viens voir ta mère?

— Son sommeil était profond.

— Oh! quand viendra-t-il? apprenez-moi, je vous en supplie, si je le reverrai bientôt.

Le faux ermite tira de dessous sa robe une espèce de coupe d'une forme singulière.

— Eh bien! veuve, dit-il, bois au prochain retour de ton fils!

La veuve poussa un cri d'horreur. C'était un crâne humain. Elle fit un geste d'épouvante et ne put proférer une parole.

— Non! non! cria tout à coup l'homme avec une voix terrible, ne détourne pas les yeux, femme; regarde. Tu demandes à revoir ton fils?... Regarde, te dis-je! car voilà tout ce qui en reste.

Et, aux lueurs de la lampe rougeâtre, il présentait aux lèvres pâles de la mère le crâne nu et desséché de son fils.

Trop de malheurs avaient passé sur cette âme pour qu'un malheur de plus la brisât. Elle leva sur le farouche ermite un regard fixe et stupide.

— Oh! la mort!... dit-elle faiblement, la mort! laissez-moi mourir.

— Meurs si tu veux!... Mais souviens-toi, Lucy Pelnyrh, du bois de Thoctree; souviens-toi du jour où le démon, en s'emparant de ton corps, a donné ton âme à l'enfer! Je suis le démon, Lucy, et tu es mon épouse éternelle. Maintenant, meurs si tu veux.

C'était une croyance, dans ces contrées superstitieuses, que des esprits infernaux apparaissaient parfois parmi les hommes pour y vivre des vies de crimes et de calamités. Entre autres fameux scélérats, Han d'Islande avait cette effrayante renommée. On croyait encore que la femme qui, par séduction ou par violence, était la proie d'un de ces démons á forme humaine, devenait irrévocablement, par ce seul malheur, sa compagne de damnation.

Les événements que l'ermite rappelait à la veuve parurent réveiller en elle ces idées.

— Hélas! dit-elle douloureusement, je ne puis donc échapper à l'existence!... Et qu'ai-je fait? car tu le sais, mon bien-aimé Caroll, je suis innocente. Le bras d'une jeune fille n'a point la force du bras d'un démon.

Elle poursuivit; ses regards étaient pleins de délire, et ses paroles incohérentes semblaient nées du tremblement convulsif de ses lèvres.

— Oui, Caroll, depuis ce jour je suis impure et innocente; et le démon me demande si je me le rappelle, cet horrible jour! — Mon Caroll, je ne t'ai point trompé; — tu es venu trop tard; j'étais à lui avant d'être à toi, hélas! — Hélas! et je serai punie éternellement. Non, je ne vous rejoindrai pas, vous que je pleure. A quoi bon mourir? J'irais avec ce monstre dans un monde qui lui ressemble, dans le monde des réprouvés! Et qu'ai-je donc fait? Mes malheurs dans la vie seront mes crimes dans l'éternité.

Le petit ermite appuyait sur elle un regard de triomphe et d'autorité.

— Ah! s'écria-t-elle tout à coup en se tournant vers lui, ah! dites-moi, ceci n'est-il pas quelque rêve affreux que votre présence m'apporte? car, vous le savez, hélas! depuis le jour de ma perte, toutes les fatales nuits où votre esprit m'a visitée ont été marquées pour moi par d'impures apparitions, d'effrayants songes et des visions épouvantables.

— Femme, femme, reviens à la raison. Il est aussi vrai que tu es éveillée qu'il est vrai que Gill est mort.

Le souvenir de ses anciennes infortunes avait comme effacé en cette mère celui de son nouveau malheur : ces paroles le lui rendirent.

— O mon fils! mon fils! dit-elle; et le son de sa voix aurait ému tout autre que l'être méchant qui l'écoutait. Non, il reviendra; il n'est pas mort; je ne puis croire qu'il est mort.

— Eh bien! va le demander aux rochers de Rœraas, qui l'ont écrasé, au golfe de Drontheim, qui l'a enseveli.

La veuve tomba à genoux et cria avec effort : — Dieu! grand Dieu!

— Tais-toi, servante de l'enfer!

La malheureuse se tut. Il poursuivit :

— Ne doute pas de la mort de ton fils. Il a été puni par où son père a failli. Il a laissé amollir son cœur de granit par un regard de femme. Moi, je t'ai possédée, mais je ne t'ai jamais aimée. Le malheur de ton Caroll est retombé sur lui. — Mon fils et le tien a été trompé par sa fiancée, par celle pour qui il est mort.

— Mort! reprit-elle, mort! cela est donc vrai! — O Gill, tu étais né de mon malheur, tu avais été conçu dans l'épouvante et enfanté dans le deuil; ta bouche avait déchiré mon sein; enfant, jamais tes caresses n'avaient répondu à mes caresses, tes embrassements à mes embrassements; tu as toujours fui et repoussé ta mère, ta mère si seule et si abandonnée dans la vie. Tu ne cherchais à me faire oublier mes maux passés qu'en me créant de nouvelles douleurs; tu me délaissais pour le démon auteur de ton existence et de mon veuvage; jamais, durant de longues années, Gill, jamais une joie ne m'est venue de toi; et cependant aujourd'hui ta mort, mon fils, me semble la plus insupportable de mes afflictions, aujourd'hui ton souvenir me semble un souvenir d'enchantement et de consolation. Hélas !

Elle ne put continuer; elle cacha sa tête dans son voile de bure noire, et on l'entendait sangloter douloureusement.

— Faible femme ! murmura l'ermite. Puis il reprit d'une voix forte : Dompte ta douleur, je me suis joué de la mienne ; écoute, Lucy Pelnyrh, pendant que tu pleures encore ton fils, j'ai déjà commencé à le venger. C'est pour un soldat de la garnison de Munckholm que sa fiancée l'a trompé. Tout le régiment périra par mes mains. — Vois, Lucy Pelnyrh.

Il avait relevé les manches de sa robe, et montrait à la veuve ses bras difformes teints de sang.

— Oui, dit-il en poussant une sorte de rugissement, c'est aux grèves d'Urchtal, c'est aux gorges de Cascadthymore, que l'esprit de Gill doit se promener avec joie. — Allons, femme, ne vois-tu pas ce sang ? Console-toi donc.

Puis tout à coup, comme frappé d'un souvenir, il s'interrompit :

— Veuve, ne t'a-t-on pas remis de ma part un coffre de fer ? — Quoi ! je t'ai envoyé de l'or et je t'apporte du sang, et tu pleures encore ! Tu n'es donc pas de la race des hommes ?

La veuve, absorbée dans son désespoir, gardait le silence.

— Allons ! dit-il avec un rire farouche, muette et immobile ! tu n'es donc pas non plus de la race des femmes, Lucy Pelnyrh ? et il secouait son bras pour qu'elle l'écoutât : est-ce qu'un messager ne t'a pas apporté un coffre de fer scellé ?

La veuve, lui accordant une attention passagère, fit un

signe de tête négatif, et retomba dans sa morne rêverie.

— Ah ! le misérable ! cria le petit homme, le misérable infidèle ! Spiagudry, cet or te coûtera cher !

Et, dépouillant sa robe d'ermite, il s'élança hors de la cabane avec le grondement d'une hyène qui cherche un cadavre.

XVII

> Seigneur, je peigne mes cheveux, je les peigne en pleurant, parce que vous me laissez seule, et que vous vous en allez dans les montagnes.
>
> *La Dame au Comte*, romance.

Ethel cependant avait déjà compté quatre jours longs et monotones depuis qu'elle errait seule dans le sombre jardin du donjon de Slesvig ; seule dans l'oratoire, témoin de tant de pleurs et confident de tant de vœux, seule dans la longue galerie, où une fois elle n'avait pas entendu sonner minuit. Son vieux père l'accompagnait quelquefois, mais elle n'en était pas moins seule, car le véritable compagnon de sa vie était absent.

Malheureuse jeune fille !... Qu'avait fait cette âme jeune et pure pour être déjà livrée à tant d'infortune ? Enlevée au monde, aux honneurs, aux richesses, aux joies de la jeunesse, aux triomphes de la beauté, elle était encore au berceau qu'elle était déjà dans un cachot ; captive près d'un père captif, elle avait grandi en le voyant dépérir ; et, pour comble de douleur, pour qu'elle n'ignorât aucun esclavage, l'amour était venu la trouver dans sa prison.

Encore si elle eût pu avoir son Ordener auprès d'elle, que lui eût fait la liberté? Eût-elle su seulement s'il existait un monde dont on la séparait? Et d'ailleurs son monde, son ciel, n'eussent-ils pas été avec elle dans cet étroit donjon, sous ces noires tours hérissées de soldats, et vers lesquelles le passant n'en aurait pas moins jeté un regard de pitié?

Mais, hélas! pour la seconde fois, cet Ordener était absent; et, au lieu de couler près de lui des heures bien courtes, mais toujours renaissantes, dans de saintes caresses et de chastes embrassements, elle passait les nuits et les jours à pleurer son absence et à prier pour ses dangers. Car une vierge n'a que sa prière et ses larmes.

Quelquefois elle enviait ses ailes à l'hirondelle libre, qui venait lui demander quelque nourriture à travers les barreaux de sa prison. Quelquefois elle laissait fuir sa pensée sur le nuage qu'un vent rapide enfonçait dans le nord du ciel; puis tout à coup elle détournait sa tête, et voilait ses yeux, comme si elle eût craint de voir apparaître le gigantesque brigand, et commencer le combat inégal sur l'une des montagnes lointaines dont le sommet bleuâtre rampait à l'horizon ainsi qu'une nuée immobile.

Oh! qu'il est cruel d'aimer alors qu'on est séparé de l'être qu'on aime! Bien peu de cœurs ont connu cette douleur dans toute son étendue, parce que bien peu de cœurs ont connu l'amour dans toute sa profondeur. Alors, étranger en quelque sorte à sa propre existence, on se crée pour soi-même une solitude morne, un vide immense, et pour l'être absent je ne sais quel monde effrayant de périls, de monstres et de déceptions; les diverses facultés qui composaient notre nature se changent et se perdent en un désir infini de l'être qui nous manque : tout ce qui nous environne est hors de notre vie. Cependant on respire, on marche, on agit, mais sans la pensée. Comme une planète égarée qui aurait perdu son soleil, le corps se meut au hasard : l'âme est ailleurs.

XVIII

> Sur un grand bouclier ces chefs impitoyables
> Epouvantent l'enfer de serments effroyables;
> Et près d'un taureau noir qu'ils viennent d'égorger,
> Tous, la main dans le sang, jurent de se venger.
>
> *Les sept Chefs devant Thèbes.*

Les rivages de Norwége abondent en baies étroites, en criques, en récifs, en lagunes, en petits caps tellement multipliés, qu'ils fatiguent la mémoire du voyageur et la patience du topographe. Autrefois, à en croire les discours populaires, chaque isthme avait son démon qui le hantait, chaque anse sa fée qui l'habitait, chaque promontoire son saint qui le protégeait; car la superstition mêle toutes les croyances pour se faire des terreurs. Sur la grève de Kelvel, à quelques milles au nord de la grotte de Walderhog, un seul endroit, disait-on, était libre de toute juridiction des esprits infernaux, intermédiaires ou célestes. C'était la clairière riveraine dominée par le rocher sur le sommet duquel on apercevait encore quelques vieilles ruines du manoir de Ralph ou Radulphe le Géant. Cette petite prairie sauvage, bordée au couchant par la mer, et étroitement encaissée dans des roches couvertes de bruyères, devait ce privilége au nom seul de cet ancien sire normégien, son premier possesseur. Car quelle fée, quel diable ou quel ange eût osé se faire l'hôte ou le patron du domaine autrefois occupé et protégé par Ralph le Géant?

Il est vrai que le nom seul du formidable Ralph suffisait pour imprimer un caractère effrayant à ces lieux déjà si sauvages. Mais, à tout prendre, un souvenir n'est pas si redoutable qu'un esprit; et jamais un pêcheur attardé par le gros temps, en amarrant sa barque dans la crique de Ralph, n'avait vu le follet rire et danser, parmi des âmes, sur le haut d'un rocher, ni la fée parcourir les bruyères dans son char de phosphore traîné par des vers luisants, ni le saint remonter vers la lune après sa prière.

Si pourtant, la nuit qui suivit le grand orage, les houles de la mer et la violence du vent eussent permis à quelque marinier égaré d'aborder dans cette baie hospitalière, peut-être eût-il été frappé d'une superstitieuse épouvante en contemplant les trois hommes qui, cette nuit-là, s'étaient assis autour d'un grand feu allumé au milieu de la clairière. Deux d'entre eux étaient couverts des grands chapeaux de feutre et des larges pantalons des mineurs royaux. Leurs bras étaient nus jusqu'à l'épaule, leurs pieds cachés dans des bottines fauves; une ceinture d'étoffe rouge soutenait leurs sabres recourbés et leurs longs pistolets. Tous deux portaient une trompe de corne suspendue à leur cou. L'un était vieux, l'autre était très-jeune; et l'épaisseur de la barbe du vieillard, la longueur des cheveux du jeune homme, ajoutaient quelque chose de sauvage à leurs physionomies naturellement dures et sévères.

A son bonnet de peau d'ours, à sa casaque de cuir huilé, au mousquet fixé en bandoulière à son dos, à sa culotte courte et étroite, à ses genoux nus, à ses sandales d'écorce, à la hache étincelante qu'il portait à la main, il était facile de reconnaître dans le compagnon des deux mineurs un montagnard du nord de Norwége.

Certes, celui qui eût aperçu de loin ces trois figures singulières, sur lesquelles le foyer, agité par les brises de la mer, jetait des lueurs rouges et changeantes, eût pu être à bon droit effrayé, sans même croire aux spectres et aux démons; il lui eût suffi pour cela de croire aux voleurs, et d'être un peu plus riche qu'un poëte.

Ces trois hommes tournaient souvent la tête vers le sentier perdu du bois qui aboutit à la clairière de Ralph, et, d'après celles de leurs paroles que le vent n'emportait pas, ils semblaient attendre un quatrième personnage.

— Dites donc, Kennybol, savez-vous qu'à cette heure-ci nous n'attendrions pas aussi paisiblement cet envoyé du comte Griffenfeld dans la prairie voisine, la prairie du lutin Tulbytilbet, ou là-bas dans la baie de Saint-Cuthbert?...

— Ne parlez pas si haut, Jonas, répondit le montagnard au vieux mineur, béni soit Ralph le Géant qui nous protége! Me préserve le ciel de remettre le pied dans la clairière de Tulbytilbet! l'autre jour j'y croyais cueillir de l'aubépine, et j'y ai cueilli de la mandragore, qui s'est mise à saigner et à crier, ce qui a failli me rendre fou.

Le jeune mineur se prit à rire.

— En vérité, Kennybol, je crois, moi, que le cri de la mandragore a bien produit tout son effet sur votre pauvre cerveau.

— Pauvre cerveau toi-même! dit le montagnard avec humeur : voyez, Jonas, il rit de la mandragore. Il rit comme un insensé qui joue avec une tête de mort.

— Hum! repartit Jonas. Qu'il aille donc à la grotte de Walderhog, où les têtes de ceux que Han, démon d'Islande, a assassinés, reviennent chaque nuit danser autour de son lit de feuilles sèches, en entrechoquant leurs dents pour l'endormir.

— Cela est vrai, dit le montagnard.

— Mais, reprit le jeune homme, le seigneur Hacket, que nous attendons, ne nous a-t-il pas promis que Han d'Islande se mettrait à la tête de notre insurrection?

— Il l'a promis, répondit Kennybol; et avec l'aide de ce démon nous sommes sûrs de vaincre toutes les casaques vertes de Drontheim et de Copenhague.

— Tant mieux! s'écria le vieux mineur; mais ce n'est pas moi qui me chargerai de faire la sentinelle la nuit près de lui... —

En ce moment, le craquement des bruyères mortes sous des pas d'hommes appela l'attention des interlocuteurs; ils se détournèrent, et un rayon du foyer leur fit reconnaître le nouveau venu.

— C'est lui! — c'est le seigneur Hacket! — Salut! seigneur Hacket! vous vous êtes fait attendre. — Voilà plus de trois quarts d'heure que nous sommes au rendez-vous... —

Ce seigneur Hacket était un homme petit et gras, vêtu de noir, dont la figure joviale avait une expression sinistre.

— Bien, mes amis, dit-il; j'ai été retardé par mon ignorance du chemin et les précautions qu'il m'a fallu prendre. — J'ai quitté le comte Schumacker ce matin; voici trois bourses d'or qu'il m'a chargé de vous remettre.

Les deux vieillards se jetèrent sur l'or avec l'avidité commune aux paysans de cette pauvre Norwége. Le jeune mineur repoussa la bourse que lui tendait Hacket.

— Gardez votre or, seigneur envoyé; je mentirais si je disais que je me révolte pour votre comte Schumacker; je me révolte pour affranchir les mineurs de la tutelle royale; je me révolte pour que le lit de ma mère n'ait plus une couverture déchiquetée comme les côtes de notre bon pays, la Norwége.

Loin de paraître déconcerté, le seigneur Hacket répondit en souriant :

— C'est donc à votre pauvre mère, mon cher Norbith,

que j'enverrai cet argent, afin qu'elle ait deux couvertures neuves pour les bises de cet hiver.

Le jeune homme se rendit par un signe de tête, et l'envoyé, en orateur habile, se hâta d'ajouter :

— Mais gardez-vous de répéter ce que vous venez de dire inconsidérément, que ce n'est pas pour Schumacker, comte de Griffenfeld, que vous prenez les armes.

— Cependant... cependant, murmurèrent les deux vieillards, nous savons bien qu'on opprime les mineurs, mais nous ne connaissons pas ce comte, ce prisonnier d'Etat...

— Comment! reprit vivement l'envoyé; pouvez-vous être ingrats à ce point? vous gémissiez dans vos souterrains, privés d'air et de jour, dépouillés de toute propriété, esclaves de la plus onéreuse tutelle? Qui est venu à votre aide? qui a ranimé votre courage? qui vous a donné de l'or, des armes? N'est-ce pas mon illustre maître, le noble comte de Griffenfeld, plus esclave et plus infortuné encore que vous? Et maintenant, comblés de ses bienfaits, vous refuseriez de vous en servir pour conquérir sa liberté en même temps que la vôtre?...

— Vous avez raison, interrompit le jeune mineur, ce serait mal agir.

— Oui, seigneur Hacket, dirent les deux vieillards, nous combattrons pour le comte Schumacker.

— Courage, mes amis! levez-vous en son nom, portez le nom de votre bienfaiteur d'un bout de la Norwége à l'autre. Ecoutez, tout seconde votre juste entreprise; vous allez être délivrés d'un formidable ennemi, le général Levin de Knud, qui gouverne la province. La puissance secrète de mon noble maître, le comte de Griffenfeld, va le faire rappeler momentanément à Berghen. — Allons, dites-moi, Kennybol, Jonas, et vous, mon cher Norbith, tous vos compagnons sont-ils prêts?

— Mes frères de Guldbranshal, dit Norbith, n'attendent que mon signal. Demain, si vous voulez...

— Demain, soit. Il faut que les jeunes mineurs, dont vous êtes le chef, lèvent les premiers l'étendard. Et vous, mon brave Jonas?

— Six cents braves des îles Fa-roër, qui vivent depuis trois jours de chair de chamois et d'huile d'ours, dans la forêt de Bennallag, ne demandent qu'un coup de trompe de leur vieux capitaine Jonas, du bourg de Lœvig.

— Fort bien. Et vous, Kennybol?

— Tous ceux qui portent une hache dans les gorges de Kole, et gravissent les rochers sans genouillères, sont prêts à se joindre à leurs frères les mineurs quand ils auront besoin d'eux.

— Il suffit. Annoncez à vos compagnons, pour qu'ils ne doutent pas de vaincre, ajouta l'envoyé en haussant la voix, que Han d'Islande sera le chef.

— Cela est-il certain? demandèrent-ils tous trois ensemble, et d'une voix où se mêlaient l'expression de la terreur et celle de l'espérance.

L'envoyé répondit :

— Je vous attendrai tous trois dans quatre jours, à pareille heure, avec vos colonnes réunies, dans la mine d'Apsyl-Corh, près le lac de Smiasen, sous la plaine de l'Etoile Bleue. Han d'Islande m'accompagnera.

— Nous y serons, dirent les trois chefs. Et puisse Dieu ne pas abandonner ceux qu'aidera le démon!

— Ne craignez rien de la part de Dieu, dit Hacket en ricanant. — Ecoutez, vous trouverez dans les vieilles ruines de Crag des enseignes pour vos troupes. — N'oubliez pas le cri : — *Vive Schumacker! Sauvons Schumacker!* — Il faut que nous nous séparions; le jour ne va pas tarder à paraître. Mais auparavant jurez le plus inviolable secret sur ce qui se passe entre nous.

Sans répondre une parole, les trois chefs s'ouvrirent la veine du bras gauche avec la pointe d'un sabre; ensuite, saisissant la main de l'envoyé, ils y laissèrent couler chacun quelques gouttes de sang.

— Vous avez notre sang, lui dirent-ils. Puis le jeune s'écria :

— Que tout mon sang s'écoule comme celui que je verse en ce moment; qu'un esprit malfaisant se joue de mes projets, comme l'ouragan d'une paille; que mon bras soit de plomb pour venger une injure; que les chauves-souris habitent mon sépulcre; que je sois, vivant, hanté par les morts; mort, profané par les vivants; que mes yeux se fondent en pleurs comme ceux d'une femme, si jamais je parle de ce qui a lieu à cette heure dans la clairière de Ralph le Géant! Daignent les bienheureux saints m'entendre!

— *Amen!* répétèrent les deux vieillards.

Alors ils se séparèrent, et il ne resta plus dans la clairière que le foyer à demi éteint, dont les rayons mourants montaient par intervalles jusqu'au faîte des tours ruinées et solitaires de Ralph le Géant.

XIX

THÉODORE.
Tristan, fuyons par ici.
TRISTAN.
C'est une étrange disgrâce.
THÉODORE.
Nous aura-t-on reconnus?
TRISTAN.
Je l'ignore, et j'en ai peur.
LOPE DE VEGA, *le Chien du Jardinier.*

Benignus Spiagudry se rendait difficilement compte des motifs qui pouvaient pousser un jeune homme bien constitué et paraissant avoir encore longues années de vie devant lui, tel que son compagnon de voyage, à se porter l'agresseur volontaire du redoutable Han d'Islande. Bien souvent, depuis qu'ils avaient commencé leur route, il avait abordé adroitement cette question; mais le jeune aventurier gardait sur la cause de son voyage un silence obstiné. Le pauvre homme n'avait pas été plus heureux dans toutes les autres curiosités que son singulier camarade devait naturellement lui inspirer. Une fois il avait hasardé une question sur la famille et le nom de son jeune *maître.* « Appelez-moi Ordener, » avait répondu celui-ci; et cette réponse peu satisfaisante était prononcée d'un ton qui interdisait la réplique. Il fallut donc se résigner; chacun a ses secrets; et le bon Spiagudry lui-même ne cachait-il pas soigneusement dans sa besace et sous son manteau certaine cassette mystérieuse, sur laquelle toutes les recherches lui eussent semblé fort déplacées et fort désagréables?

Ils avaient quitté Drontheim depuis quatre jours, sans avoir fait beaucoup de chemin, tant en raison du dégât causé dans les routes par l'orage que de la multiplicité des voies de traverse et détours que le concierge fugitif croyait prudent de prendre pour éviter les lieux trop habités. Après avoir laissé Skongen sur leur droite, vers le soir du quatrième jour, ils atteignirent la rive du lac de Sparbo.

C'était un tableau sombre et magnifique que cette vaste nappe d'eau réfléchissant les derniers rayons du jour et les premières étoiles de la nuit dans un cadre de hauts rochers, de sapins noirs et de grands chênes. L'aspect d'un lac, le soir, produit quelquefois, à une certaine distance, une singulière illusion d'optique; c'est comme si un abîme prodigieux, perçant le globe de part en part, laissait voir le ciel à travers la terre.

Ordener s'arrêta, contemplant ces vieilles forêts druidiques qui couvrent les rivages montueux du lac comme une chevelure, et les huttes crayeuses de Sparbo, répandues sur une pente ainsi qu'un troupeau épars de chèvres blanches. Il écoutait les bruits lointains des forges (1), mêlés au sourd mugissement des grands bois magiques, aux cris intermittents des oiseaux sauvages et à la grave harmonie des vagues. Au nord, un immense rocher de granit, encore éclairé par le soleil, s'élevait majestueusement au-dessus du petit hameau d'Oëlmœ ; puis sa tête se courbait sous un amas de tours ruinées, comme si le géant eût été fatigué du fardeau.

Quand l'âme est triste, les spectacles mélancoliques lui plaisent: elle les rembrunit de toute sa tristesse. Qu'un malheureux soit jeté parmi de sauvages et hautes montagnes, près d'un sombre lac, d'une noire forêt, au moment

(1) Les eaux du lac de Sparbo sont renommées pour la trempe de l'acier.

où le jour va disparaître, il verra cette scène grave, cette nature sérieuse, en quelque sorte à travers un voile funèbre; il ne lui semblera pas que le soleil se couche, mais qu'il meurt.

Ordener rêvait, silencieux et immobile, quand son compagnon s'écria :

— A merveille, jeune seigneur, il est beau de méditer ainsi devant le lac de Norwége qui renferme le plus de pleuronectes !

Cette observation et le geste qui l'accompagnait eussent fait sourire tout autre qu'un amant séparé de sa maîtresse pour ne la revoir peut-être plus. Le savant concierge poursuivit :

— Pourtant, souffrez que je vous enlève à votre docte contemplation pour vous faire remarquer que le jour décline, et qu'il faut nous hâter si nous voulons arriver au village d'Oëlmœ avant le crépuscule.

La remarque était juste. Ordener se remit en marche, et Spiagudry le suivit en continuant ses réflexions mal écoutées sur les phénomènes botaniques et physiologiques que le lac de Sparbo présente aux naturalistes.

— Seigneur Ordener, disait-il, si vous en croyiez votre dévoué guide, vous abandonneriez votre funeste entreprise; — oui, seigneur, et vous vous fixeriez ici sur les bords de ce lac si curieux où nous pourrions nous livrer ensemble à une foule de doctes recherches, par exemple à celle de la *stella canora palustris*, plante singulière que beaucoup de savants croient fabuleuse, mais que l'évêque Arngrim affirme avoir vue et entendue sur les rives du Sparbo. Ajoutez à cela que nous aurions la satisfaction d'habiter le sol de l'Europe qui renferme le plus de gypse, et où les sicaires de la *Thémis* de Drontheim pénètrent le moins. — Cela ne vous sourit-il pas, mon jeune maître? Allons, renoncez à votre voyage insensé; car, sans vous offenser, votre entreprise est périlleuse sans profit, *periculum sine pecuniâ,* c'est-à-dire insensée, et conçue dans un moment où vous auriez mieux fait de penser à autre chose.

Ordener, qui ne prêtait aucune attention aux paroles du pauvre homme, n'entretenait la conversation que par ces monosyllabes insignifiants et distraits que les grands parleurs prennent pour des réponses. C'est ainsi qu'ils arrivèrent au hameau d'Oëlmœ, sur la place duquel un mouvement inusité se faisait en ce moment remarquer.

Les habitants, chasseurs, pêcheurs, forgerons, sortaient de toutes les cabanes et accouraient se grouper autour d'un tertre circulaire, occupé par quelques hommes, dont l'un sonnait du cor en agitant au-dessus de sa tête une petite bannière blanche et noire.

— C'est sans doute quelque charlatan, dit Spiagudry, *ambubaiarum collegia, pharmacopolæ,* quelque misérable qui convertit l'or en plomb et les plaies en ulcères. Voyons, quelle invention de l'enfer va-t-il vendre à ces pauvres campagnards? Encore si ces imposteurs se bornaient aux rois, s'ils imitaient tous le Danois Borch et le Milanais Borri, ces alchimistes qui se jouèrent si complétement de notre Frédéric III (1); mais il leur faut le denier du paysan non moins que le million du prince.

Spiagudry se trompait ; en approchant du monticule, ils reconnurent, à sa robe noire et à son bonnet rond et aigu,

(1) Frédéric III fut la dupe de Borch ou Borrichius, chimiste danois, et surtout de Borri, charlatan milanais, qui se disait le favori de l'archange Michel. Cet imposteur, après avoir émerveillé de ses prétendus prodiges Strasbourg et Amsterdam, agrandit la sphère de son ambition et la témérité de ses mensonges : après avoir trompé le peuple, il osa tromper les rois. Il commença par Christine à Hambourg, et termina par le roi Frédéric à Copenhague.

un syndic environné de quelques archers. L'homme qui sonnait du cor était le crieur des édits.

Le gardien fugitif, troublé, murmura à voix basse :

— En vérité, seigneur Ordener, en entrant dans cette bourgade, je ne m'attendais guère à tomber sur un syndic. Me protége le grand saint Hospice ! que va-t-il dire ?

Son incertitude ne fut pas longue, car la voix glapissante du crieur des édits s'éleva tout à coup, religieusement écoutée par la petite foule des habitants d'Oëlmœ :

— « Au nom de Sa Majesté, et par ordre de Son Excel-
« lence le général Levin de Knud, gouverneur, le haut
« syndic du Drontheimhus fait savoir à tous les habitants
« des villes, bourgs et bourgades de la province, que, 1° la
« tête de Han, natif de Klipstadur, en Islande, assassin et
« incendiaire, est mise au prix de mille écus royaux. »

Un murmure vague éclata dans l'auditoire. Le crieur poursuivit :

— « 2° La tête de Benignus Spiagudry, nécroman et sa-
« crilége, ex-gardien du Spladgest de Drontheim, est mise
« au prix de quatre écus royaux ;

« 3° Cet édit sera publié dans toute la province, par les
« syndics des villes, bourgs et bourgades, qui en facilite-
« ront l'exécution. »

Le syndic prit l'édit des mains du crieur, et ajouta d'une voix lugubre et solennelle :

« La vie de ces hommes est offerte à qui voudra la pren-
« dre. »

Le lecteur se persuadera aisément que cette lecture ne fut pas écoutée sans quelque émotion par notre pauvre et malencontreux Spiagudry. Nul doute même que les signes extraordinaires d'effroi qui lui échappèrent en ce moment n'eussent appelé l'attention du groupe qui l'environnait si elle n'eût été entièrement absorbée par la première partie de l'édit syndical.

— La tête de Han à prix ! s'écria un vieux pêcheur qui était venu traînant ses filets humides. Ils feraient tout aussi bien, par saint Usulph, de mettre à prix également la tête de Belzébuth.

— Pour garder la proportion entre Han et Belzébuth, il faudrait, dit un chasseur, reconnaissable à sa veste de peau de chamois, qu'ils offrissent seulement quinze cents écus du chef cornu du dernier démon.

— Gloire soit à la sainte mère de Dieu ! ajouta en roulant son fuseau une vieille dont le front chauve branlait. Je voudrais voir la tête de ce Han, afin de m'assurer que ses yeux sont deux charbons ardents, comme on le dit.

— Oui, sûrement, reprit une autre vieille, c'est seulement en la regardant qu'il a brûlé la cathédrale de Drontheim. Moi, je voudrais voir le monstre tout entier, avec sa queue de serpent, son pied fourchu et ses grandes ailes de chauve-souris.

— Qui vous a fait ces contes, bonne mère ? interrompit le chasseur d'un air de fatuité. J'ai vu, moi, ce Han d'Islande dans les gorges de Medsyhath ; c'est un homme fait comme nous, seulement il a la hauteur d'un peuplier de quarante ans.

— Vraiment ? dit avec une expression singulière une voix dans la foule.

Cette voix, qui fit tressaillir Spiagudry, était celle d'un petit homme dont le visage était caché sous un large feutre de mineur, et le corps couvert d'une natte de jonc et de poil de veau marin.

— Sur ma foi, reprit, avec un rire épais, un forgeron qui portait son grand marteau en bandoulière, qu'on offre pour sa tête mille ou dix mille écus royaux, qu'il ait quatre ou quarante brasses de hauteur, ce n'est pas moi qui me chargerai d'y aller voir.

— Ni moi, dit le pêcheur.

— Ni moi, ni moi, répétèrent toutes les voix.

— Celui pourtant qui en serait tenté, reprit le petit homme, trouvera Han d'Islande demain dans la ruine d'Arbar, près le Smiasen, après-demain dans la grotte de Walderhog.

— Brave homme, en êtes-vous sûr?

Cette question fut faite à la fois par Ordener, qui assistait à cette scène avec un intérêt facile à comprendre pour tout autre que Spiagudry, et par un autre petit homme, assez replet, vêtu de noir, d'un visage gai, et qui était sorti, aux premiers sons de la trompe du crieur, de la seule auberge que renfermât la bourgade.

Le petit homme au grand chapeau parut les considérer un instant tous deux, et répondit d'une voix sourde :

— Oui.

— Et comment le savez-vous pour pouvoir l'affirmer? demanda Ordener.

— Je sais où est Han d'Islande, comme je sais où est Benignus Spiagudry; ni l'un ni l'autre ne sont loin d'ici en ce moment.

Toutes les terreurs se réveillèrent dans le pauvre concierge, osant à peine regarder le mystérieux petit homme, et se croyant mal caché sous sa perruque française; il se mit à tirer le manteau d'Ordener en disant à voix basse :

— Maître seigneur, au nom du ciel! de grâce, par pitié! allons-nous-en, sortons de ce maudit faubourg de l'enfer... — Ordener, surpris comme lui, examinait attentivement le petit homme, qui, tournant le dos au jour, paraissait soigneux de cacher ses traits.

— Ce Benignus Spiagudry, s'écria le pêcheur, je l'ai vu au Spladgest de Drontheim. C'est un grand. — C'est celui dont on offre quatre écus.

Le chasseur éclata de rire.

— Quatre écus! Ce n'est pas moi qui chasserai celui-là. On paye plus cher la peau d'un renard bleu.

Cette comparaison, qui dans tout autre temps eût fort désobligé le savant concierge, le rassura cette fois. Il allait néanmoins adresser une nouvelle prière à Ordener pour le décider à poursuivre leur chemin quand celui-ci, sachant ce qui lui importait de savoir, le prévint en sortant du rassemblement qui commençait à s'éclaircir.

Quoiqu'ils eussent, en arrivant au hameau d'Oëlmœ, l'intention d'y passer la nuit, ils le quittèrent tous deux, comme par une convention tacite, sans même s'interroger sur le motif de leur départ précipité. Celui d'Ordener était l'espérance de rencontrer plus tôt le brigand. Celui de Spiagudry le désir de s'éloigner plus vite des archers.

Ordener avait l'esprit trop grave pour rire des mésaventures de son compagnon. Ce fut d'une voix affectueuse qu'il rompit le premier le silence.

— Vieillard, quelle est donc déjà cette ruine où l'on pourra trouver demain Han d'Islande, à ce qu'affirme ce petit homme, qui paraît tout savoir?

— Je l'ignore... Je l'ai mal entendu, noble maître, dit Spiagudry, qui en effet ne mentait pas.

— Il faudra donc, continua le jeune homme, se résigner à ne le rencontrer qu'après-demain à cette grotte de Walderhog?

— La grotte de Walderhog! seigneur! c'est en effet la demeure favorite de Han d'Islande.

— Prenons-en le chemin, dit Ordener.

— Tournons à gauche, derrière le rocher d'Oëlmœ; il faut moins de deux journées pour arriver à la caverne de Walderhog.

— Connaissez-vous, vieillard, reprit Ordener avec ménagement, ce singulier homme qui semble si bien vous connaître?

Cette question réveilla dans Spiagudry les craintes qui commençaient à s'affaiblir à mesure qu'ils s'éloignaient de la bourgade d'Oëlmœ.

— Non vraiment, seigneur, répondit-il d'une voix presque tremblante. Seulement, il a une voix bien étrange. — Ordener chercha à le rassurer.

— Ne craignez rien, vieillard, servez-moi bien, je vous protégerai de même. Si je reviens vainqueur de Han, je vous promets non-seulement votre grâce, mais encore l'abandon des mille écus royaux qui sont offerts par la justice.

L'honnête Benignus aimait extraordinairement la vie, mais il aimait l'or prodigieusement. Les promesses d'Ordener furent comme des paroles magiques; non-seulement elles bannirent toutes ses frayeurs, mais encore elles réveillèrent en lui cette sorte d'hilarité risible, qui s'épanchait en longs discours, en gesticulations bizarres et en savantes citations.

— Seigneur Ordener, dit-il, quand je devrais subir à ce sujet une controverse avec Over-Bilseuth, autrement dit *le Bavard*, non, rien ne m'empêcherait de soutenir que vous êtes un sage et honorable jeune homme. Quoi de plus digne et de plus glorieux, en effet, *quid citharâ, tubâ, vel campanâ dignius*, que d'exposer noblement sa vie pour délivrer son pays d'un monstre, d'un brigand, d'un démon en qui tous les démons, les brigands et les monstres semblent réunis?... Qu'on ne m'aille pas dire qu'un sordide intérêt vous guide; le noble seigneur Ordener abandonne le salaire de son combat au compagnon de son voyage, au vieillard qui l'aura conduit seulement à un mille de la grotte de Walderhog; car, n'est-il pas vrai, jeune maître, que vous me permettez d'attendre le résultat de votre illustre entreprise au hameau de Surb, situé à un mille du rivage de Walderhog, dans la forêt? Et, quand votre éclatante victoire sera connue, seigneur, ce sera dans toute la Norwége une joie pareille à celle de *Vermund le Proscrit*, quand du sommet de ce même rocher d'Oëlmœ que nous côtoyons maintenant, il aperçut le grand feu que son frère *Halfdan* avait allumé, en signe de délivrance, sur le donjon de Munckholm...

A ce nom, Ordener interrompit vivement.

— Quoi! du haut de ce rocher on aperçoit le donjon de Munckholm?

— Oui, seigneur, à douze milles au sud, entre les montagnes que nos pères nommaient les *Escabelles de Frigga*. A cette heure, on doit voir parfaitement le phare du donjon.

— Vraiment! s'écria Ordener, qui s'élançait vers l'idée de revoir encore une fois le lieu où était tout son bonheur. Vieillard, il y a sans doute un sentier qui conduit au sommet de ce rocher?

—Oui, sans doute; un sentier qui prend naissance dans le bois où nous allons entrer, et s'élève, par une pente assez douce, jusqu'à la tête nue du rocher, sur laquelle il se continue en gradins taillés dans le roc par les compagnons de Vermund le Proscrit, au château duquel il aboutit. — Ce sont ces ruines, que vous pouvez voir au clair de la lune.

— Eh bien! vieillard, vous allez m'indiquer le sentier; c'est dans ces ruines que nous passerons la nuit, dans ces ruines, d'où l'on voit le donjon de Munckholm.

— Y pensez-vous, seigneur? dit Benignus. La fatigue de cette journée...

— Vieillard, j'aiderai votre marche; jamais mon pas ne fut plus ferme.

— Seigneur, les ronces qui obstruent ce sentier depuis si longtemps abandonné, les pierres dégradées, la nuit...

— Je marcherai le premier.

— Peut-être quelque bête malfaisante, quelque animal impur, quelque monstre hideux...

—Ce n'est pas pour éviter les monstres que j'ai entrepris ce voyage.

L'idée de s'arrêter si près d'Oëlmœ déplaisait fort à Spiagudry; celle de voir le phare de Munckholm, et peut-être la lumière de la fenêtre d'Ethel, enchantait et entraînait Ordener.

— Mon jeune maître, dit Spiagudry, abandonnez ce projet, croyez-moi; j'ai le pressentiment qu'il nous portera malheur.

Cette prière n'était rien devant ce que désirait Ordener.

— Allons, dit-il avec impatience, songez que vous vous êtes engagé à me bien servir. Je veux que vous m'indiquiez ce sentier; où est-il?

— Nous allons y arriver tout à l'heure, dit le concierge, forcé d'obéir.

En effet, le sentier s'offrit bientôt à eux, ils y entrèrent, mais Spiagudry remarqua, avec un étonnement mêlé d'effroi, que les hautes herbes étaient couchées et brisées, et que le vieux sentier de Vermund le Proscrit paraissait avoir été foulé récemment.

XX

LEENARDO.
Le roi vous demande.
HENRIQUE.
Comment cela?
LOPE DE VEGA, *la Fuerza lastimosa.*

Devant quelques papiers épars sur son bureau, parmi lesquels on distingue des lettres nouvellement ouvertes, le général Levin de Knud paraît rêver profondément. Un secrétaire debout près de lui semble attendre ses ordres. Le général tantôt frappe de ses éperons le riche tapis qui s'étend sous ses pieds, tantôt joue d'un air distrait avec la décoration de l'Eléphant, suspendue à son cou par le collier de l'ordre. De temps en temps il ouvre la bouche pour parler, puis s'arrête et se frotte le front, et jette un nouveau coup d'œil sur les dépêches décachetées qui couvrent la table.

— Comment diable!... s'écria-t-il enfin.

Cette exclamation concluante est suivie d'un instant de silence.

— Qui se serait jamais figuré, reprend-il, que ces démons de mineurs en viendraient là?... Il faut nécessairement que de secrètes instigations les aient poussés à cette révolte. — Mais, savez-vous, Wapherney, que la chose est serieuse? savez-vous que cinq à six cents coquins des îles Fa-roër, commandés par un certain vieux bandit nommé Jonas, ont déjà déserté leurs mines? qu'un jeune fanatique, appelé Norbith, s'est également mis à la tête des mécontents de Guldbranshal? qu'à Sund-Moër, à Hubfallo, à

Konsberg, ces mauvaises têtes, qui n'attendaient qu'un signal, sont déjà peut-être soulevées? Savez-vous que les montagnards s'en mêlent, et qu'un des plus hardis renards de Kole, le vieux Kennybol, les commande? Savez-vous enfin que, d'après un bruit général dans le nord du Drontheimhus, s'il faut en croire les syndics qui m'écrivent, ce fameux scélérat dont nous avons fait mettre la tête á prix, le formidable Han, dirige en chef l'insurrection? Que direz-vous de tout cela, mon cher Wapherney? hem! —

— Votre Excellence, dit Wapherney, sait quelles mesures...

— Il y a encore dans cette déplorable affaire une circonstance que je ne puis m'expliquer; c'est que notre prisonnier Schumacker soit, comme on le prétend, l'auteur de la révolte. C'est ce qui semble n'étonner personne, et c'est enfin ce qui m'étonne le plus. Il me paraît difficile qu'un homme prés duquel se plaisait mon loyal Ordener soit un traitre. Cependant, les mineurs, assure-t-on, se lèvent en son nom; son nom est leur mot d'ordre, leur cri de ralliement; ils lui donnent même les titres dont le le roi l'a privé... — Tout cela semble certain... — Mais comment se fait il que la comtesse d'Ahlefeld connût déjà tous ces détails il y a six jours, au moment où les premiers symptômes réels de l'insurrection se manisfestaient à peine dans les mines? — Cela est étrange. — N'importe, il faut pourvoir á tout. Donnez-moi mon sceau, Wapherney.

Le général écrivit trois lettres, les scella, et les remit au secrétaire.

— Faites tenir ces messages au baron Vœhtaün, colonel des arquebusiers, actuellement en garnison à Munckholm, afin que son régiment marche en hâte aux révoltés. — Voici pour le commandant de Munckholm, un ordre de veiller plus soigneusement que jamais sur l'ex-grand-chan celier. Il faudra que je voie et que j'interroge moi-même ce Schumacker. — Enfin, envoyez cette lettre à Skongen, au major Wolhm, qui y commande, afin qu'il dirige une partie de sa garnison vers le foyer de l'insurrection. — Allez, Wapherney, et qu'on exécute promptement ces ordres.

Le secrétaire sortit, laissant le gouverneur plongé dans ses réflexions.

— Tout cela est fort inquiétant, pensait-il. Ces mineurs révoltés là-bas, cette intrigante chancelière ici, ce fou d'Ordener... on ne sait où ! — Peut-être il voyage au milieu de tous ces bandits, laissant ici sous ma protection ce Schumacker, qui conspire contre l'Etat, et sa fille, pour la sûreté de laquelle j'ai eu la bonté d'éloigner la compagnie où se trouve ce Frédéric d'Ahlefeld, qu'Ordener accuse... — Eh ! mais il me semble que cette compagnie pourra bien arrêter les premières colonnes des insurgés ; elle est bien placée pour cela. Walhstrom, où elle tient garnison, est près du lac de Smiasen et de la ruine d'Arbar. C'est un des points que la révolte gagnera nécessairement... — A cet endroit de sa rêverie, le général fut interrompu par le bruit de la porte qui s'ouvrait.

— Eh bien ! que voulez-vous, Gustave ?

— Mon général, c'est un messager qui demande Votre Excellence.

— Allons ! qu'est-ce encore ? quelque désastre !... Faites entrer ce messager.

Le messager, introduit, remit un paquet au gouverneur.

— Votre Excellence, dit-il, c'est de la part de Sa Sérénité le vice-roi.

Le général ouvrit précipitamment la dépêche.

— Par saint Georges ! s'écria-t-il avec un mouvement de surprise, je crois qu'ils sont tous fous ! Ne voilà-t-il pas le vice-roi qui m'invite à me rendre près de lui, à Berghen? C'est, dit-il, pour affaire pressante, et d'aprés l'ordre du roi... — Voilà une affaire pressante qui choisit bien son moment! — « Le grand-chancelier, qui visite ac« tuellement le Drontheimhus, suppléera à votre absence...» — C'est un suppléant auquel je ne me fie guère... — « L'é« vêque l'assistera... » — En vérité, Frédéric choisit là de bons gouverneurs pour un pays révolté : deux hommes de robe, un chancelier et un évêque ! — Allons cependant, l'invitation est expresse, c'est l'ordre du roi... il faut s'y rendre. Mais, avant mon départ, je veux voir Schumacker, et l'interroger. — Je sens bien qu'on veut m'engloutir dans un chaos d'intrigues; mais j'ai pour me diriger une boussole qui ne trompe jamais ;... — c'est ma conscience.

XXI

Il semble que tout prenne une voix pour l'accuser de son crime.

Caïn, tragédie.

— Oui, seigneur comte, c'est aujourd'hui même, dans la ruine d'Arbar, que nous pourrons le rencontrer. Une foule de circonstances me font croire à la vérité de ce renseignement précieux que j'ai recueilli hier soir par hasard, comme je vous l'ai conté, dans le village d'Oëlmœ.

— Sommes-nous loin de cette ruine d'Arbar ?

— Mais c'est auprès du lac de Smiasen. Le guide m'a assuré que nous y serions avant le milieu du jour.

Ainsi s'entretenaient deux personnages à cheval et enveloppés de manteaux bruns, lesquels suivaient de grand matin une de ces mille routes sinueuses et étroites qui traversent en tous sens la forêt située entre les lacs de Smiasen et de Sparbo. Un guide des montagnes, muni de sa trompe et armé de sa hache, les précédait sur son petit cheval gris, et derrière eux marchaient quatre autres cavaliers armés jusqu'aux dents, vers lesquels ces deux personnages tournaient de temps en temps la tête, comme s'ils craignaient d'en être entendus.

— Si ce brigand islandais se trouve en effet dans la ruine d'Arbar, disait celui des deux interlocuteurs dont la monture se tenait respectueusement un peu en arrière de l'autre, c'est un grand point de gagné, car le difficile était de rencontrer cet être insaisissable.

— Vous croyez, Musdœmon ? Et s'il allait rejeter nos offres ?...

— Impossible, Votre Grâce, de l'or et l'impunité, quel brigand résisterait à cela ?

— Mais vous savez que ce brigand n'est pas un scélérat ordinaire. Ne le jugez donc pas à votre mesure ; s'il refusait, comment rempliriez-vous la promesse que vous avez faite dans la nuit d'avant-hier aux trois chefs de l'insurrection ?

— Eh bien ! noble comte, dans ce cas, que je regarde comme impossible, si nous avons le bonheur de trouver notre homme, Votre Grâce a-t-elle oublié qu'un faux Han d'Islande m'attend dans deux jours à l'heure fixée, au lieu du rendez-vous assigné aux trois chefs, à l'Etoile Bleue, endroit d'ailleurs assez voisin de la ruine d'Arbar ?...

— Vous avez raison, toujours raison, mon cher Musdœmon, dit le noble comte. Et ils retombèrent tous deux dans leur cercle particulier de réflexion.

Musdœmon, dont l'intérêt était de tenir le maître en bonne humeur, fit pour le distraire une question au guide.

— Brave homme, quelle est cette espèce de croix de

pierre dégradée qui s'élève là-haut, derrière ces jeunes chênes?

Le guide, homme au regard fixe, à la mine stupide, tourna la tête et la secoua à plusieurs reprises en disant :

— Oh ! seigneur maître, c'est la plus vieille potence de Norwége : le saint roi Olaüs la fit construire pour un juge qui avait fait un pacte avec un brigand.

Musdœmon aperçut sur le visage de son patron une impression toute contraire à celle qu'il espérait des paroles simples du guide.

— Ce fut, poursuivit celui-ci, une histoire bien singulière, la bonne mère Osie me l'a contée : le brigand fut chargé de pendre le juge...

Le pauvre guide ne s'apercevait pas, dans sa naïveté, que l'aventure dont il voulait égayer ses voyageurs était presque un outrage pour eux. Musdœmon l'arrêta.

— Assez, assez, lui dit-il, nous connaissons cette histoire.

— L'insolent ! murmura le comte, il connaît cette histoire ! Ah ! Musdœmon, tu me payeras cher tes impudences.

— Sa Grâce ne parle-t-elle pas ? dit Musdœmon d'un air obséquieux.

— Je pensais aux moyens de vous faire enfin obtenir l'ordre de Dannebrog. Le mariage de ma fille Ulrique et du baron Ordener sera une bonne occasion.

Musdœmon se confondit en protestations et en remercîments.

— A propos, reprit Sa Grâce, parlons de nos affaires. Croyez-vous que l'ordre de rappel momentané que nous lui destinons soit parvenu au Mecklenbourgeois?

Le lecteur se rappelle peut-être que le comte avait l'habitude de désigner sous ce nom le général Levin de Knud, qui était en effet natif du Mecklenbourg.

— Parlons de nos affaires, se dit intérieurement Musdœmon choqué, il paraît que mes affaires ne sont pas *nos affaires.* — Seigneur comte, répondit-il à haute voix, je pense que le messager du vice-roi doit être en ce moment à Drontheim, et qu'ainsi le général Levin n'est pas loin de son départ.

Le comte prit une voix affectueuse.

— Ce rappel, mon cher, est un de vos coups de maître, c'est une de vos intrigues les mieux conçues et les plus habilement exécutées.

— L'honneur en appartient à Sa Grâce autant qu'à moi, répliqua Musdœmon soigneux, comme nous l'avons déjà dit, de mêler le comte à toutes ses machinations.

Le patron connaissait cette pensée secrète de son confident, mais il voulait paraître l'ignorer. Il se mit à sourire.

— Mon cher secrétaire intime, vous êtes toujours modeste ; mais rien ne me fera méconnaître vos éminents services. La présence d'Elphége et l'absence du Mecklenbourgeois assurent mon triomphe à Drontheim. Me voici le chef de la province ; et, si Han d'Islande accepte le commandement des révoltés, que je veux lui offrir moi-même, c'est à moi que reviendra, aux yeux du roi, la gloire d'avoir apaisé cette inquiétante insurrection et pris ce formidable brigand.

Ils parlaient ainsi à voix basse quand le guide se retourna.

— Mes seigneurs maîtres, dit-il, voici à notre gauche le monticule sur lequel *Biord le Juste* fit décapiter, aux yeux de son armée, *Vellon à la langue double*, ce traître qui avait éloigné les vrais défenseurs du roi et appelé l'ennemi dans le camp pour paraître avoir seul sauvé les jours de Biord...

Tous ces souvenirs de la vieille Norwége ne semblèrent pas du goût de Musdœmon, car il interrompit brusquement le guide.

— Allons, allons, bonhomme, taisez-vous et continuez votre chemin sans vous détourner; que nous importe ce que des masures ruinées ou des arbres morts vous rappellent de sottes aventures ! vous importunez mon maître avec vos contes de vieille femme.

Il disait vrai.

XXII

Voici l'heure où le lion rugit,
Où le loup hurle à la lune,
Tandis que le laboureur ronfle,
Epuisé de sa pénible tâche.
Maintenant les tisons consumés brillent dans le foyer,
La chouette, poussant son cri sinistre,
Rappelle aux malheureux, couchés dans les douleurs,
Le souvenir d'un drap funèbre.
Voici le temps de la nuit,
Où les tombeaux, tous entr'ouverts,
Laissent échapper chacun son spectre,
Qui va errer dans les sentiers des cimetières.

SHAKSPEARE, *le Songe d'été.*

Retournons sur nos pas. Nous avons laissé Ordener et Spiagudry gravissant avec assez de peine, au lever de la lune, la croupe du rocher courbé d'Oëlmœ. Ce rocher, chauve à l'origine de sa courbure, était appelé alors par les paysans norwégiens le *Cou de Vautour*, dénomination qui représente en effet assez bien la figure qu'offre de loin cette masse énorme de granit.

A mesure que nos voyageurs s'élevaient vers la partie nue du rocher, la forêt se changeait en bruyère. Les mousses succédaient aux herbes; les églantiers sauvages, les genêts, les houx, aux chênes et aux bouleaux; appauvrissement de végétation qui, sur les hautes montagnes, indique toujours la proximité du sommet, en annonçant l'amincissement graduel de la couche de terre dont ce qu'on pourrait appeler l'*ossement* du mont est revêtu.

— Seigneur Ordener, disait Spiagudry, dont l'esprit mobile était comme sans cesse entraîné dans un tourbillon d'idées diverses, cette pente est bien fatigante, et, pour vous avoir suivi, il faut tout le dévouement... — Mais il me semble que je vois là, à droite, un magnifique *convolvulus ;* je voudrais bien pouvoir l'examiner. Pourquoi ne fait-il pas grand jour ! — Savez-vous que c'est une chose bien impertinente que d'évaluer un savant tel que moi quatre méchants écus? Il est vrai que le fameux Phèdre était esclave, et qu'Esope, si nous en croyons le docte Planude, fut vendu dans une foire comme une bête ou une chose. Et qui ne serait fier d'avoir un rapport quelconque avec le grand Esope?

— Et avec le célèbre Han? ajouta Ordener en souriant

— Par saint Hospice! répondit le concierge, ne prononcez pas ce nom ainsi: je me passerais bien, je vous jure, seigneur, de cette dernière conformité. Mais ne serait-ce pas une chose singulière que le prix de sa tête revînt à Benignus Spiagudry, son compagnon d'infortune? — Seigneur Ordener, vous êtes plus noble que Jason, qui ne donna pas la toison d'or au pilote d'Argo; et certes votre entreprise, dont je ne devine pas positivement le but, n'est pas moins périlleuse que celle de Jason.

— Mais, dit Ordener, puisque vous connaissez Han d'Islande, donnez-moi donc quelques détails sur lui. Vous m'avez déjà appris que ce n'est pas un géant, comme on le croit le plus communément.

Spiagudry l'interrompit.

— Arrêtez, maître! n'entendez-vous point un bruit de pas derrière vous?

— Oui, répondit tranquillement le jeune homme. Ne vous alarmez pas; c'est quelque bête fauve que notre approche effarouche, et qui se retire en froissant les halliers.

— Vous avez raison, mon jeune César; il y a si longtemps que ces bois n'ont vu d'êtres humains! si l'on en juge à la pesanteur des pas, l'animal doit être gros. C'est un élan ou un renne; cette partie de la Norwége en est peuplée; on y trouve aussi des chatpards. J'en ai vu un, entre autres, qu'on avait amené à Copenhague; il était d'une grandeur monstrueuse. Il faut que je vous fasse la description de ce féroce animal... —

— Mon cher guide, dit Ordener, j'aimerais mieux que vous me fissiez la description d'un autre monstre non moins féroce, de cet horrible Han...

— Baissez la voix, seigneur! Comme le jeune maître prononce paisiblement un tel nom! Vous ne savez pas...— Dieu! seigneur, écoutez!

Spiagudry se rapprocha, en disant ces mots, d'Ordener, qui venait d'entendre en effet très-distinctement un cri pareil à l'espèce de rugissement qui, si le lecteur se le rappelle, avait si fort effrayé le timide concierge dans cette soirée orageuse où ils avaient quitté Drontheim.

— Avez-vous entendu? murmura celui-ci, tout haletant de crainte.

— Sans doute, dit Ordener, et je ne vois pas pourquoi vous tremblez. C'est un hurlement de bêtes sauvages, peut-être tout simplement le cri d'un de ces chatpards dont vous parliez tout à l'heure. Comptiez-vous traverser à cette heure un pareil endroit sans être averti en rien de la présence des hôtes que vous troublez? Je vous proteste, vieillard, qu'ils sont plus effrayés encore que vous.

Spiagudry, en voyant le calme de son jeune compagnon, se rassura un peu.

— Allons, il pourrait bien se faire, seigneur, que vous eussiez encore raison. Mais ce cri de bête ressemble horriblement à une voix... Vous avez été fâcheusement inspiré, souffrez que je vous le dise, seigneur, de vouloir monter à ce château de Vermund. Je crains qu'il ne nous arrive malheur sur le *Cou de Vautour.*

— Ne craignez rien tant que vous serez avec moi, répondit Ordener.

— Oh ! rien ne vous alarme ; mais, seigneur, il n'y a que le bienheureux saint Paul qui puisse prendre des vipères sans se blesser. — Vous n'avez seulement pas remarqué, quand nous sommes entrés dans ce maudit sentier, qu'il paraissait frayé depuis peu, et que les herbes foulées n'avaient même pas eu le temps de se relever depuis qu'on y avait passé.

— J'avoue que tout cela me frappe peu, et que le calme de mon esprit ne dépend pas du plus ou moins de courbure d'un brin d'herbe. Voici que nous allons quitter la bruyère, nous n'entendrons plus de pas ni de cris de bêtes; je ne vous dirai donc plus, mon brave guide, de rassembler votre courage, mais de ramasser vos forces, car le sentier taillé dans le roc sera sans doute plus difficile que celui-ci.

— Ce n'est pas, seigneur, qu'il soit plus escarpé, mais le savant voyageur Suckson conte qu'il est souvent embarrassé d'éclats de roches ou de lourdes pierres qu'on ne peut soulever et qu'il n'est pas aisé de franchir. Il y a entre autres, un peu au delà de la poterne de Malaër, dont nous approchons, un énorme bloc triangulaire de granit que j'ai toujours vivement désiré voir. Shœnning affirme y avoir retrouvé les trois caractères runiques primitifs...—

Il y avait déjà quelque temps que les voyageurs gravissaient la roche nue; ils atteignirent une petite tour écroulée, à travers laquelle il fallait passer, et que Spiagudry fit remarquer à Ordener.

— C'est la poterne de Malaër, seigneur. Ce chemin creusé à vif présente plusieurs autres constructions curieuses, qui montrent quelles étaient les anciennes fortifications de nos manoirs norwégiens. Cette poterne, qui était toujours gardée par quatre hommes d'armes, était le premier ouvrage avancé du fort de Vermund. A propos de *porte* ou *poterne*, le moine Urcnsius fait une remarque singulière : le mot *janua*, qui vient de *Janus*, dont le temple avait des portes si célèbres, n'a-t-il pas engendré le mot *janissaire*, gardien de la porte du sultan? il serait assez curieux que le nom du prince le plus doux de l'histoire eût passé aux soldats les plus féroces de la terre.

Au milieu de tout le fatras scientifique du concierge, ils avançaient assez péniblement sur des pierres roulantes et des cailloux tranchants, mêlés de ce gazon court et glissant qui croît quelquefois sur les rochers. Ordener oubliait la fatigue en songeant au bonheur de revoir ce Munckholm si éloigné; tout à coup Spiagudry s'écria :

— Ah! je l'aperçois! cette seule vue me dédommage de toute ma peine. Je la vois, seigneur, je la vois!...

— Qui donc? dit Ordener, qui pensait en ce moment à son Ethel.

— Eh! seigneur, la pyramide triangulaire dont parle Schœnning! Je serai, avec le professeur Schœnning et l'évêque Isleif, le troisième savant qui aura eu le bonheur de l'examiner. Seulement il est fâcheux que ce ne soit qu'au clair de la lune.

En approchant du fameux bloc, Spiagudry poussa un cri de douleur et d'épouvante à la fois. Ordener, surpris, s'informa avec intérêt du nouveau sujet de son émotion;

mais le concierge archéologue fut quelque temps avant de pouvoir lui répondre.

— Vous croyiez, disait Ordener, que cette pierre barrait le chemin; vous devez, au contraire, reconnaître avec plaisir qu'elle le laisse parfaitement libre.

— Et c'est justement ce qui me désespère, dit Benignus d'une voix lamentable.

— Comment?

— Quoi, seigneur, reprit le concierge, ne voyez-vous pas que cette pyramide a été dérangée de sa position? que la base, qui était assise sur le sentier, est maintenant exposée à l'air, tandis que le bloc est précisément appuyé contre terre, sur la surface où Shœnning avait découvert les caractères runiques primordiaux?... Je suis bien malheureux!

— C'est jouer de malheur en effet, dit le jeune homme.

— Et ajoutez à cela, reprit vivement Spiagudry, que le dérangement de cette masse prouve ici la présence de quelque être surhumain. A moins que ce ne soit le diable, il n'y a en Norwége qu'un seul homme dont le bras puisse...

—Mon pauvre guide, vous revenez encore à vos terreurs paniques. Qui sait si cette pierre n'est pas ainsi depuis plus d'un siècle?

— Il y a cent cinquante ans, à la vérité, dit Spiagudry d'une voix plus calme, que le dernier observateur l'a étudiée. Mais il me semble qu'elle est fraîchement remuée; la place qu'elle occupait est encore humide. Voyez, seigneur... —

Ordener, impatient d'arriver aux ruines, arracha son guide d'auprès de la pyramide merveilleuse, et parvint, par de sages paroles, à dissiper les nouvelles craintes que cet étrange déplacement avait inspirées au vieux savant.

— Ecoutez, vieillard, vous pourrez vous fixer au bord

de ce lac, et vous livrer à votre aise à vos importantes études quand vous aurez reçu les mille écus royaux que vous rapportera la tête de Han.

—Vous avez raison, noble seigneur ; mais ne parlez pas si légèrement d'une victoire bien douteuse. Il faut que je vous donne un conseil pour que vous vous rendiez plus aisément maître du monstre...—

Ordener se rapprocha vivement de Spiagudry.

— Un conseil ! lequel ?

— Le brigand, dit celui-ci à voix basse et en jetant des regards inquiets autour de lui, le brigand porte à sa ceinture un crâne dans lequel il a coutume de boire. Ce crâne est celui de son fils, dont le cadavre est celui pour la profanation duquel je suis poursuivi...

— Haussez un peu la voix et ne craignez rien, je vous entends à peine. Eh bien ! ce crâne?

—C'est de ce crâne, dit Spiagudry en se penchant à l'oreille du jeune homme, qu'il faut tâcher de vous emparer. Le monstre y attache je ne sais quelles idées superstitieuses. Quand le crâne de son fils sera en votre pouvoir, vous ferez de lui tout ce que vous voudrez.

— Cela est bien, mon brave homme; mais comment se rendre maître de ce crâne?

— Par la ruse, seigneur, pendant le sommeil du monstre, peut-être...

Ordener l'interrompit.

— Il suffit. Votre bon conseil ne peut me servir ; je ne dois pas savoir si un ennemi dort. Je ne connais pour combattre que mon épée.

—Seigneur, seigneur, il n'est pas prouvé que l'archange Michel n'ait pas usé de ruse pour terrasser Satan...

Ici Spiagudry s'arrêta tout à coup et étendit ses deux mains devant lui en s'écriant d'une voix presque éteinte :

— O ciel! ô ciel! qu'est-ce que je vois là-bas? Voyez,

maître, n'est-ce pas un petit homme qui marche dans ce même sentier devant nous?...

— Ma foi, dit Ordener en levant les yeux, je ne vois rien.

— Rien, seigneur? — En effet, le sentier tourne, et il a disparu derrière ce rocher. — N'allons pas plus loin, seigneur, je vous en conjure.

— En vérité, si ce personnage prétendu a si vite disparu, cela n'annonce pas qu'il ait l'intention de nous attendre; et, s'il fuit, ce n'est pas une raison pour nous de fuir.

— Veille sur nous, saint Hospice! dit Spiagudry, qui, dans toutes les occasions périlleuses, se souvenait de son patron favori.

— Vous aurez pris, ajouta Ordener, l'ombre mouvante d'une chouette effrayée pour un homme.

— J'ai pourtant bien cru voir un petit homme; il est vrai que le clair de lune produit souvent des illusions singulières. C'est à cette lumière que Baldan, sire de Merneugh, prit le rideau blanc de son lit pour l'ombre de sa mère; ce qui le décida à aller, le lendemain, déclarer son parricide aux juges de Christiana, qui allaient condamner le page innocent de la défunte. Ainsi l'on peut dire que le clair de lune a sauvé la vie à ce page.

Personne n'oubliait mieux que Spiagudry le présent dans le passé. Un souvenir de sa vaste mémoire suffisait pour bannir toutes les impressions du moment. Aussi l'histoire de Baldan dissipa-t-elle sa frayeur. Il reprit d'une voix tranquille :

— Il est possible que le clair de lune m'ait trompé de même.

Cependant ils atteignaient le sommet du Cou-de-Vautour, et commençaient à revoir le faîte des ruines que la courbure du rocher leur avait cachées pendant qu'ils montaient.

Que le lecteur ne s'étonne pas si nous rencontrons souvent des ruines à la cime des monts de Norwége. Quiconque a parcouru des montagnes en Europe n'aura pas manqué de remarquer fréquemment des restes de forts et de châteaux, suspendus à la crête des pics les plus élevés, comme d'anciens nids de vautours ou des aires d'aigles morts. En Norwége surtout, au siècle où nous nous sommes transportés, ces sortes de constructions aériennes étonnaient autant par leur variété que par leur nombre. C'étaient tantôt de longues murailles, démantelées, se roulant en ceinture autour d'un roc; tantôt des tourelles grêles et aiguës surmontant la pointe d'un pic, comme une couronne, ou, sur la tête blanche d'une haute montagne, de grosses tours groupées autour d'un grand donjon, et présentant de loin l'aspect d'une vieille tiare. On voyait près des frêles arcades ogives d'un cloître gothique les lourds piliers égyptiens d'une église saxonne; près de la citadelle à tours carrées d'un chef païen, la forteresse à créneaux d'un sire chrétien; près d'un château-fort ruiné par le temps, un monastère détruit par la guerre. Tous ces édifices, mélange d'architectures singulières et presque ignorées aujourd'hui, construits hardiment sur des lieux en apparence inaccessibles, n'y avaient plus laissé que des débris, pour rendre en quelque sorte à la fois témoignage de la puissance et du néant de l'homme. Peut-être s'était-il passé dans leur enceinte bien des choses plus dignes d'être racontées que tout ce qu'on raconte à la terre; mais les événements s'écoulent, les yeux qui les ont vus se ferment; les traditions s'éteignent avec les ans, comme un feu qu'on n'a point recueilli; et qui pourrait ensuite pénétrer le secret des siècles? —

Le manoir de Vermund le Proscrit, où nos deux voyageurs arrivaient en ce moment, était un de ceux auxquels la superstition rattachait le plus d'histoires surprenantes et d'aventures miraculeuses. A ses murailles de cailloux noyés dans un ciment devenu plus dur que la pierre, on reconnaissait aisément qu'il avait été bâti vers le cinquième ou le sixième siècle. De ses cinq tours, une seulement était encore debout dans toute sa hauteur ; les quatre autres, plus ou moins dégradées, et couvrant de leurs débris le sommet du rocher, étaient liées entre elles par des lignes de ruines, lesquelles indiquaient également les anciennes limites des cours dans l'enceinte du château. Il était très-difficile de pénétrer dans cette enceinte, obstruée de pierres, de quartiers de rochers, et d'arbustes de toute espèce, qui, rampant de ruine en ruine, surmontaient de leurs touffes les murailles tombées, ou laissaient pendre jusque dans le précipice leurs longs bras flexibles. C'est à ces tresses de rameaux que venaient souvent, dit-on, se balancer, au clair de lune, des âmes bleuâtres, esprits coupables de ceux qui s'étaient volontairement noyés dans le Sparbo ; ou que le farfadet du-lac attachait le nuage qui devait le remmener au lever du soleil. Mystères effrayants, dont avaient été plus d'une fois témoins de hardis pêcheurs quand, pour profiter du sommeil des chiens de mer (1), ils osaient la nuit pousser leur barque jusque sous le rocher d'Oëlmœ, qui s'arrondissait dans l'ombre, au-dessus de leurs têtes, comme l'arche rompue d'un pont gigantesque.

Nos deux aventuriers franchirent, non sans peine, la muraille du manoir à travers une crevasse, car l'ancienne porte était encombrée de ruines. La seule tour qui, ainsi que nous l'avons dit, fût restée debout, était située à l'extrémité du rocher. C'était, dit Spiagudry à Ordener, celle du sommet de laquelle on apercevait le fanal de

(1) Les chiens de mer sont redoutés des pêcheurs, parce qu'ils effrayent les poissons.

Munckholm. Ils s'y dirigèrent quoique l'obscurité fût en ce moment complète. La lune était entièrement cachée par un gros nuage noir. Ils allaient gravir la brèche d'un autre mur, pour pénétrer dans ce qui avait été la seconde cour du château, quand Benignus s'arrêta tout court, et saisit brusquement le bras d'Ordener d'une main qui tremblait si fort, que le jeune homme lui-même en était ébranlé.

— Quoi donc?... dit Ordener surpris.

Benignus, sans répondre, pressa son bras plus vivement encore, comme pour lui demander du silence.

— Mais... reprit le jeune homme.

Une nouvelle pression, accompagnée d'un gros soupir mal étouffé, le décida à attendre patiemment que ce nouvel effroi fût passé.

Enfin Spiagudry, d'une voix oppressée :

— Eh bien ! maître, qu'en dites-vous ? —

— De quoi? dit Ordener.

— Oui, seigneur, continua l'autre du même ton, vous vous repentez bien maintenant d'être monté ici !...

— Non, en vérité, mon brave guide, j'espère bien monter plus haut encore. Pourquoi voulez-vous que je m'en repente?

— Comment, seigneur, vous n'avez donc point vu?...

— Vu quoi ?

— Vous n'avez point vu !... répéta l'honnête concierge avec un accès toujours croissant de terreur.

— Mais non, vraiment ! répondit Ordener d'un ton d'impatience; je n'ai rien vu, et je n'ai entendu que le bruit de vos dents, que la peur faisait claquer violemment.

— Quoi ! là, derrière ce mur, dans l'ombre... ces deux yeux flamboyants comme des comètes, qui se sont fixés sur nous... vous ne les avez point vus ?

— En honneur, non.

— Vous ne les avez point vus errer, monter, descendre, et disparaître enfin dans les ruines?

— Je ne sais ce que vous voulez dire. Qu'importe, d'ailleurs?

— Comment! seigneur Ordener, savez-vous qu'il n'y a en Norwége qu'un seul homme dont les yeux rayonnent ainsi dans les ténèbres?...

— Allons, qu'importe encore? Quel est donc cet homme aux yeux de chat? Est-ce Han, votre formidable Islandais? Tant mieux s'il est ici! cela nous épargnera le voyage de Walderhog.

Ce *tant mieux* n'était point du goût de Spiagudry, qui ne put s'empêcher de révéler sa pensée secrète par cette exclamation involontaire :

— Ah! seigneur! vous m'aviez promis de me laisser au village de Surb, à un mille du lieu du combat...

Le bon et noble Ordener comprit et sourit.

— Vous avez raison, vieillard; il serait injuste de vous mêler à mes dangers. Ne craignez donc rien. Vous voyez ce Han d'Islande partout. Est-ce qu'il ne peut pas y avoir dans ces ruines quelque chat sauvage, dont les yeux soient aussi brillants que ceux de cet homme?

Pour la cinquième fois Spiagudry parvint à se rassurer, soit que l'explication d'Ordener lui parût en effet naturelle, soit que la tranquillité de son jeune compagnon eût quelque chose de contagieux.

— Ah! seigneur, sans vous je serais dix fois mort de peur en gravissant ces roches. — Il est vrai que, sans vous, je ne l'aurais pas tenté.

La lune, qui reparut, leur laissa voir l'entrée de la plus haute tour, au bas de laquelle ils étaient parvenus. Ils y pénétrèrent en soulevant un épais rideau de lierre, qui fit pleuvoir sur eux des lézards endormis et de vieux nids d'oiseaux funèbres. Le concierge ramassa deux cailloux qu'il choqua, en laissant tomber les étincelles sur un tas de feuilles mortes et de branches sèches recueillies par Ordener. En peu d'instants une flamme claire s'éleva, et, dissipant les ténèbres qui les entouraient, elle leur permit d'observer l'intérieur de la tour.

Il n'en restait plus que la muraille circulaire, qui était très-épaisse et revêtue de lierre et de mousse. Les plafonds de ses quatre étages s'étaient successivement écroulés au rez-de-chaussée, où ils formaient un amas énorme de décombres. Un escalier étroit et sans rampe, rompu en plusieurs endroits, tournait en spirale sur la surface intérieure de la muraille, au sommet de laquelle il aboutissait. Aux premiers petillements du feu, une nuée de chats-huants et d'orfraies s'envolèrent lourdement, avec des cris étonnés et lugubres, et de grandes chauves-souris vinrent par intervalles effleurer la flamme de leurs ailes couleur de cendre.

— Voici des hôtes qui ne nous reçoivent pas très-gaiement, dit Ordener; mais n'allez pas vous effrayer encore.

— Moi, seigneur, reprit Spiagudry en s'asseyant près du feu, moi craindre un hibou ou une chauve-souris ! Je vivais avec des cadavres, et je ne craignais pas de vampires. Ah ! je ne redoute que les vivants ! Je ne suis pas brave, j'en conviens, mais je ne suis pas superstitieux. — Tenez, si vous m'en croyez, seigneur, rions de ces dames aux ailes noires et aux chants rauques, et songeons à souper.

Ordener ne songeait qu'à Munckholm.

— J'ai bien là quelques provisions, dit Spiagudry en tirant son havre-sac de dessous son manteau; mais, si votre appétit égale le mien, ce pain noir et ce fromage rance auront bientôt disparu. Je vois que nous serons obligés de rester encore fort loin des limites de la loi du roi français Philippe le Bel : *Nemo audeat comedere prœter duo fercula cum potagio*. Il doit bien y avoir au sommet de cette tour des nids de mouettes ou de faisans; mais comment y arriver par un escalier branlant qui ne pourrait tout au plus porter que des sylphes?

— Cependant, reprit Ordener, il faudra bien qu'il me porte; car je monterai certainement au faîte de cette tour.

— Quoi! maître, pour avoir des nids de mouettes?... Ne faites pas, de grâce, cette imprudence. Il ne faut pas se tuer pour mieux souper. Songez d'ailleurs que vous pourriez vous tromper, et prendre des nids de chats-huants.

— C'est bien de vos nids que je m'embarrasse! Ne m'avez-vous pas dit que du haut de cette tour on apercevait le donjon de Munckholm?

— Cela est vrai, jeune maître, au sud! Je vois bien que le désir de fixer ce point important pour la science geographique a été le motif de ce fatigant voyage au château de Vermund. Mais daignez réfléchir, noble seigneur Ordener, que le devoir d'un savant zélé peut être quelquefois de braver la fatigue, mais jamais le danger. Je vous en supplie, ne tentez pas cette méchante ruine d'escalier, sur laquelle un corbeau n'oserait se percher.

Benignus ne se souciait nullement de rester seul dans le bas de la tour. Comme il se levait pour prendre la main d'Ordener, son havre-sac, placé sur les pointes de ses genoux, tomba dans les pierres, et rendit un son clair.

— Qu'est-ce donc qui résonne ainsi dans ce havre-sac? demanda Ordener.

Cette question sur un point si délicat pour Spiagudry lui ôta l'envie de retenir son jeune compagnon.

— Allons, dit-il sans répondre à la question, puisque,

malgré mes prières, vous vous obstinez à monter au haut de cette tour, prenez garde aux crevasses de l'escalier.

— Mais, reprit Ordener, qu'y a-t-il donc dans votre havre-sac pour lui faire rendre ce son métallique?

Cette instance indiscrète déplut souverainement au vieux gardien, qui maudit le questionneur du fond de l'âme.

— Eh! noble maître, répondit-il, comment pouvez-vous vous occuper d'un méchant plat à barbe de fer, qui retentit contre un caillou? — Puisque je ne puis vous fléchir, se hâta-t-il d'ajouter, ne tardez pas à redescendre, et ayez soin de vous tenir aux lierres qui tapissent la muraille. Vous verrez le fanal de Munckholm entre les deux Escabelles de Frigge, au midi.

Spiagudry n'aurait rien pu dire de plus adroit pour bannir toute autre idée de l'esprit du jeune homme. Ordener, se débarrassant de son manteau, s'élança vers l'escalier, sur lequel le concierge le suivit des yeux, jusqu'à ce qu'il ne le vît plus que glisser, comme une ombre vague, au plus haut de la muraille, à peine éclairée à son sommet par la lueur agitée du foyer et le reflet immobile de la lune.

Alors, se rasseyant et ramassant son havre-sac :

— Mon cher Benignus Spiagudry, dit-il, pendant que ce jeune lynx ne vous voit pas, et que vous êtes seul, hâtez-vous de briser l'incommode enveloppe de fer qui vous empêche de prendre possession, *oculis et manu*, du trésor renfermé sans doute dans cette cassette. Quand il sera délivré de cette prison, il sera moins lourd à porter et plus aisé à cacher.

Déjà, armé d'une grosse pierre, il s'apprêtait à briser le couvercle du coffre, quand un rayon de lumière, tombant sur le sceau de fer qui le fermait, arrêta tout à coup le concierge antiquaire.

— Par saint Willebrod le Numismate, je ne me trompe

pas, s'écriait-il en frottant vivement le couvercle rouillé, ce sont bien là les armes de Griffenfeld. J'allais faire une grande folie de rompre ce sceau. Voilà peut-être le seul modèle qui reste de ces armoiries fameuses brisées en 1676 par la main du bourreau. Diable! ne touchons pas à ce couvercle. Quelle que soit la valeur des objets qu'il cache, à moins que, contre toute probabilité, ce ne soient des monnaies de Palmyre ou des médailles carthaginoises, il est certainement plus précieux encore. Me voici donc seul propriétaire des armes maintenant abolies de Griffenfeld! — Cachons soigneusement ce trésor. — Aussi bien je trouverai peut-être quelque secret pour ouvrir la cassette sans commettre de vandalisme. Les armoiries de Griffenfeld! Oh oui! voilà bien la main de justice, la balance sur champ de gueules... Quel bonheur!

A chaque nouvelle découverte héraldique qu'il faisait en dérouillant le vieux cachet, il poussait un cri d'admiration ou une exclamation de contentement.

— Au moyen d'un dissolvant, j'ouvrirai la serrure sans briser le sceau. Ce sont sans doute les trésors de l'ex-chancelier. — Si quelqu'un, tenté par l'appât des quatre écus syndicaux, me reconnaît et m'arrête, il ne me sera pas difficile de me racheter. — Ainsi, cette bienheureuse cassette m'aura sauvé...

En parlant ainsi, son regard se leva machinalement. — Tout à coup son visage grotesque passa en un clin d'œil de l'expression d'une joie folle à celle d'une terreur stupide. Tous ses membres tremblèrent convulsivement. Ses yeux devinrent fixes, son front se rida, sa bouche demeura béante, et sa voix s'éteignit dans son gosier, comme une lumière qu'on souffle.

En face de lui, de l'autre côté du foyer, un petit homme était debout, les bras croisés. A ses vêtements de peaux ensanglantées, à sa hache de pierre, à sa barbe rousse et à ce regard dévorant fixé sur lui, le malheureux concierge avait reconnu du premier coup d'œil l'effrayant personnage dont il avait reçu la dernière visite au Spladgest de Drontheim.

— C'est moi! dit le petit homme d'un air terrible. — Cette cassette t'aura sauvé! ajouta-t-il avec un affreux sourire ironique. Spiagudry! est-ce ici le chemin de Thoctree?

L'infortuné essaya d'articuler quelques paroles.

— Thoctree!... Seigneur... Monseigneur maitre... j'y allais... —

— Tu allais à Walderhog! répondit l'autre d'une voix de tonnerre.

Spiagudry terrifié ramassa toutes ses forces pour faire un signe de tête négatif.

— Tu me conduisais un ennemi; merci! ce sera un vivant de moins. Ne crains rien, fidèle guide, il te suivra.

Le malheureux gardien voulut pousser un cri, et put à peine faire entendre un murmure vague et confus.

— Pourquoi t'effrayes-tu de ma présence? Tu me cherchais. — Ecoute, ne crie pas, ou tu es mort.

Le petit homme agita sa hache de pierre au-dessus de la tête du concierge; il poursuivit d'une voix qui sortait de sa poitrine comme le bruit d'un torrent sort d'une caverne :

— Tu m'as trahi.

— Non, Votre Grâce, non, Excellence... dit enfin Benignus pouvant à peine articuler ces paroles suppliantes.

L'autre fit entendre comme un rugissement sourd.

— Ah! tu voudrais me tromper encore! Ne l'espère plus. — Ecoute, j'étais sur le toit du Spladgest quand tu as scellé ton pacte avec cet insensé; c'est moi dont tu as deux fois entendu la voix. C'est moi que tu as encore entendu dans l'orage sur la route; c'est moi que tu as retrouvé dans la tour de Vygla; c'est moi qui t'ai dit : *Au revoir!*.... —

Le concierge épouvanté jeta un regard égaré autour de lui, comme pour appeler du secours. Le petit homme continua :

— Je ne voulais pas laisser échapper ces soldats qui te poursuivaient. Ils étaient du régiment de Munckholm. — Pour toi, je ne pouvais te perdre. — Spiagudry, c'est moi que tu as revu au village d'Oëlmœ sous ce feutre de mineur; c'est moi dont tu as entendu les pas et la voix. dont tu as reconnu les yeux en montant à ces ruines; c'est moi

Hélas! l'infortuné n'en était que trop convaincu; il se roula à terre aux pieds de son formidable juge, en s'écriant d'une voix déchirante et étouffée : Grâce!...

Le petit homme, les bras toujours croisés, attachait sur lui un regard de sang, plus ardent que la flamme du foyer.

— Demande ton salut à cette cassette dont tu l'attends, dit-il ironiquement.

— Grâce, seigneur!... Grâce! répéta le mourant Spiagudry.

— Je t'avais recommandé d'être fidèle et muet : tu n'as pu être fidèle; à l'avenir je te proteste que tu seras muet.

Le concierge, entrevoyant l'horrible sens de ces paroles, poussa un long gémissement.

— Ne crains rien, dit l'homme, je ne te séparerai pas de ton trésor.

A ces mots, dénouant sa ceinture de cuir, il la passa dans l'anneau de la cassette, et la suspendit ainsi au cou de Spiagudry, qui fléchissait sous le poids.

— Allons! reprit l'autre, quel est le diable auquel tu désires donner ton âme? hâte-toi de l'appeler, afin qu'un autre démon dont tu ne te soucierais pas ne s'en empare point avant lui.

Le désespéré vieillard, hors d'état de prononcer une parole, tomba aux genoux du petit homme en faisant mille signes de prière et d'épouvante.

— Non, non! dit celui-ci; écoute, fidèle Spiagudry, ne te désole pas de laisser ainsi ton jeune compagnon sans guide. Je te promets qu'il ira où tu vas. Suis-moi : tu ne fais que lui montrer le chemin. — Allons!

A ces mots, saisissant le misérable dans ses bras de fer, il l'emporta hors de la tour comme un tigre emporte une longue couleuvre; et un moment après il s'éleva dans les ruines un grand cri, auquel se mêla un effroyable éclat de rire.

XXIII

> Oui, l'on peut bien montrer à l'œil éploré de l'amant fidèle l'objet éloigné de son idolâtrie. Mais, hélas! les scènes de l'attente... des adieux!... les pensées... les souvenirs doux et amers... les rêves enchanteurs des êtres qui aiment! qui peut les rendre?
>
> MATHURIN, *Bertram.*

Cependant l'aventureux Ordener, après avoir vingt fois failli tomber dans sa périlleuse ascension, était parvenu sur le haut du mur épais et circulaire de la tour. A son arrivée inattendue, de noires chouettes centenaires, brusquement troublées dans leurs ruines, s'enfuirent d'un vol oblique, en tournant vers lui leur regard fixe; et des pierres roulantes, heurtées par son pied, tombèrent dans le gouffre en bondissant sur les saillies des rochers avec des bruits sourds et lointains.

En tout autre instant, Ordener eût longtemps laissé errer sa vue et sa rêverie sur la profondeur de l'abîme, accrue de la profondeur de la nuit. Son œil, observant à l'horizon toutes ces grandes ombres, dont une lune nébuleuse blanchissait à peine les sombres contours, eût longtemps cherché à distinguer les vapeurs parmi les rochers et les montagnes parmi les nuages; son imagination eût animé toutes les formes gigantesques, toutes les apparences fantastiques que le clair de lune prête aux monts et aux brouillards. Il eût écouté de loin la plainte confuse du lac et des forêts, mêlée au sifflement aigu des herbes sèches que le vent tourmentait à ses pieds, entre les fentes des pierres; et son esprit eût donné un langage à toutes ces voix mortes que la nature matérielle élève pendant le sommeil de l'homme et le silence de la nuit. Mais, quoique cette scène agît à son insu sur son être entier, d'autres pensées le remplissaient. A peine son pied s'était-il posé sur le faîte de la muraille, que son œil s'était tourné vers le sud du ciel, et qu'une joie indicible l'avait transporté en apercevant au delà de l'angle de deux montagnes un point lumineux rayonner à l'horizon comme une étoile rouge. — C'était le fanal de Munckholm.

Ceux-là ne sont pas destinés à goûter les vraies joies de la vie, qui ne comprendront pas le bonheur qu'éprouva le jeune homme. Tout son cœur se souleva de ravissement; son sein, gonflé, palpitant avec force, respirait à peine. Immobile, l'œil tendu, il contemplait l'astre de consolation et d'espérance. Il lui semblait que ce rayon de lumière, venant au sein de la nuit du séjour qui contenait toute sa félicité, lui apportait quelque chose de son Ethel. Ah! n'en doutons pas, à travers les temps et les espaces, les âmes ont quelquefois des correspondances mystérieuses. En vain le monde réel élève ses barrières entre deux êtres qui s'aiment: habitants de la vie idéale, ils s'apparaissent dans l'absence, ils s'unissent dans la mort. Que peuvent en effet les séparations corporelles, les distances physiques sur deux cœurs liés invinciblement par une même pensée et un commun désir? — Le véritable amour peut souffrir, mais non mourir.

Qui ne s'est point arrêté cent fois durant les nuits pluvieuses sous quelque fenêtre à peine éclairée? Qui n'a point passé et repassé devant une porte, erré avec délices autour d'une maison? Qui ne s'est point brusquement détourné de son chemin pour suivre le soir, dans les détours d'une rue déserte, une robe flottante, un voile blanc tout à coup reconnu dans l'ombre? Celui qui ne connaît pas ces émotions peut dire qu'il n'a jamais aimé.

En présence du fanal lointain de Munckholm, Ordener méditait. A sa première joie avait succédé un contentement triste et ironique; mille sentiments divers se pressaient dans son âme tumultueuse. — Oui, se disait-il. il faut que l'homme gravisse longtemps et péniblement pour voir enfin un point de bonheur dans l'immense nuit. — Elle est donc là!... elle dort, elle rêve, elle pense à moi peut-être...; mais qui lui dira que son Ordener est maintenant, triste et isolé, suspendu dans l'ombre au-dessus d'un abîme?... — Son Ordener, qui n'a plus d'elle qu'une boucle de cheveux sur son sein et une lueur vague à l'horizon!... — Puis, laissant tomber un coup d'œil sur les rayons rougeâtres du grand feu allumé dans la tour, qui s'échappaient au dehors à travers les crevasses de la muraille : — Peut-être, murmura-t-il, de l'une des fenêtres de sa prison, jette-t-elle un regard indifférent sur la flamme lointaine de ce foyer... —

Tout à coup un grand cri et un long éclat de rire se firent entendre, comme au-dessous de lui, sur le bord de l'abime; il se détourna brusquement, et vit l'intérieur de la tour désert. Alors, inquiet pour le vieillard, il se hâta de descendre ; mais à peine avait-il franchi quelques marches de l'escalier, qu'un bruit sourd, pareil à celui d'un corps pesant qui serait tombé dans les eaux profondes du lac, monta jusqu'à lui.

Ch. Lahure, imprimeur du Sénat et de la Cour de Cassation,
rue de Vaugirard, 9, près de l'Odéon.

www.ingramcontent.com/pod-product-compliance
Lightning Source LLC
Chambersburg PA
CBHW071935090426
42740CB00011B/1715

* 9 7 8 2 0 1 2 1 8 0 7 4 1 *